This notebook belongs to

....

Basic guitar chords

G

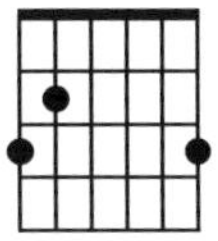

G7

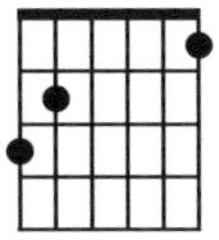

A

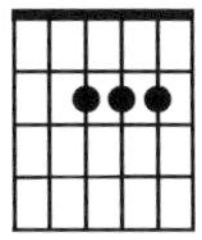

A7

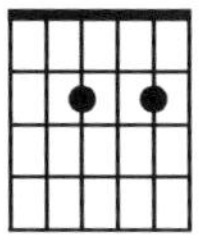

Amaj7

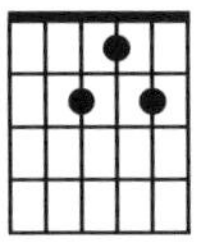

Am

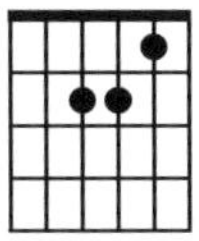

Am7

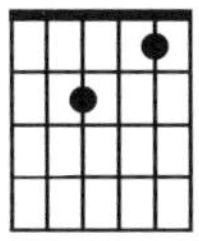

B7 / H7

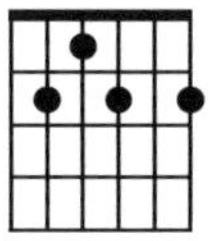

C

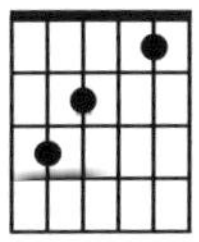

C7

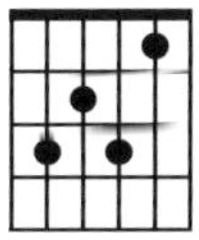

Cmaj7

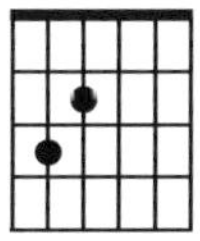

D

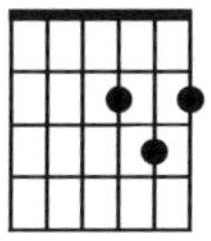

D7

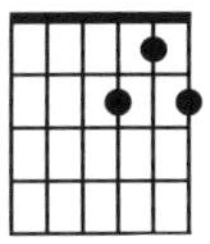

Dmaj7

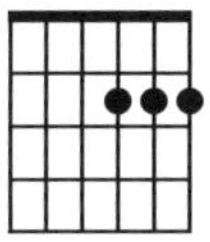

Dm

Dm7

E

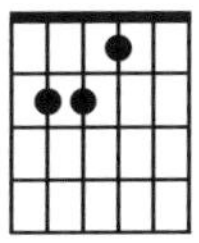

E7

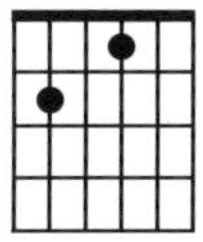

Em

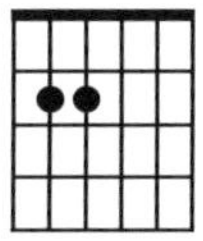

Em7

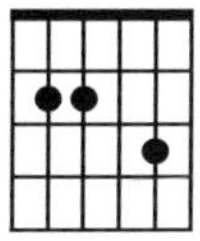

F

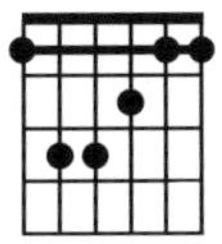

Asus

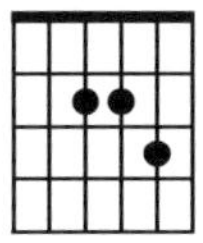

Dsus

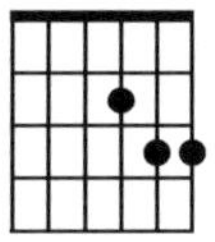

Bm / Hm

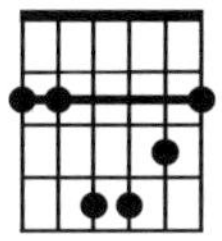

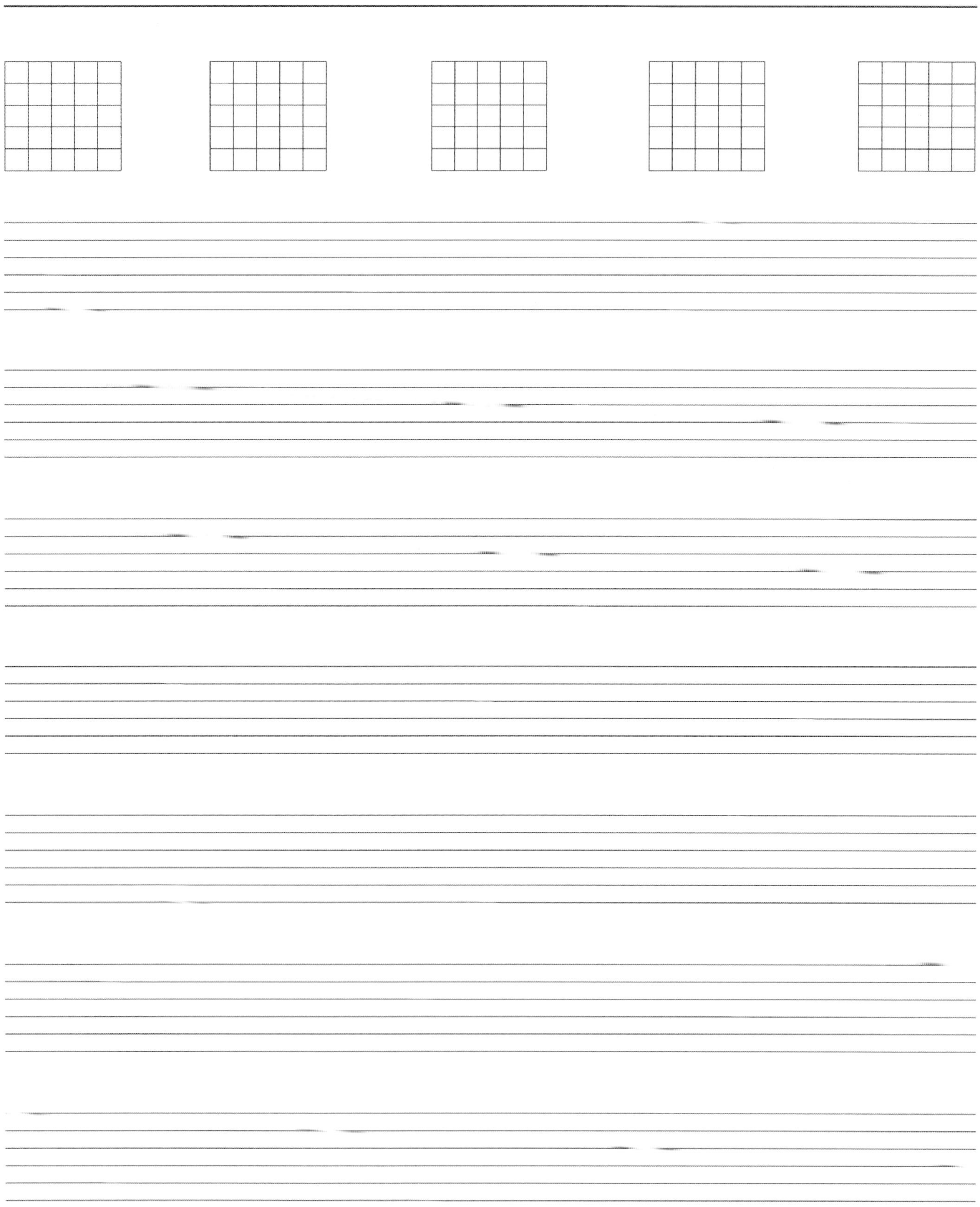

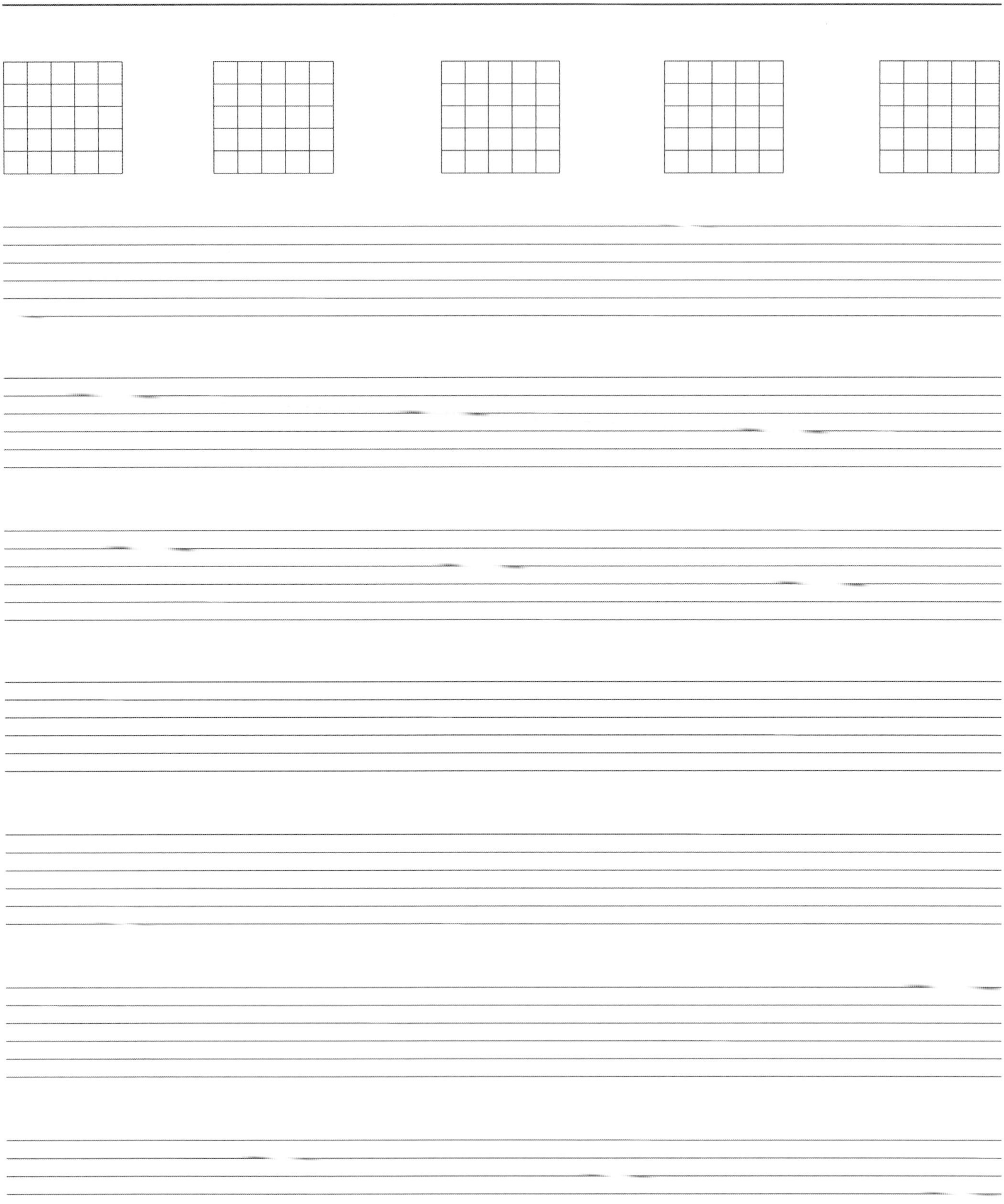

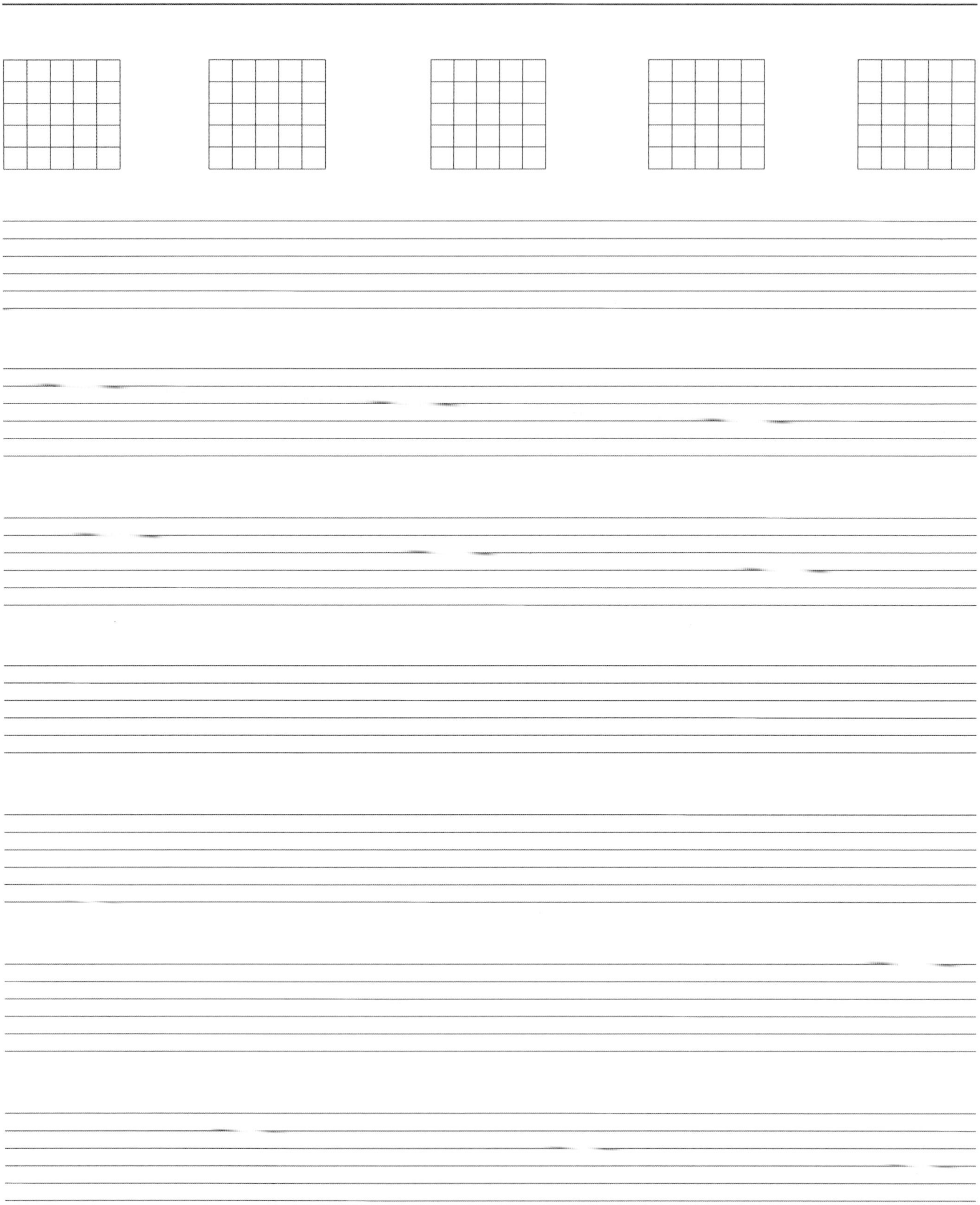

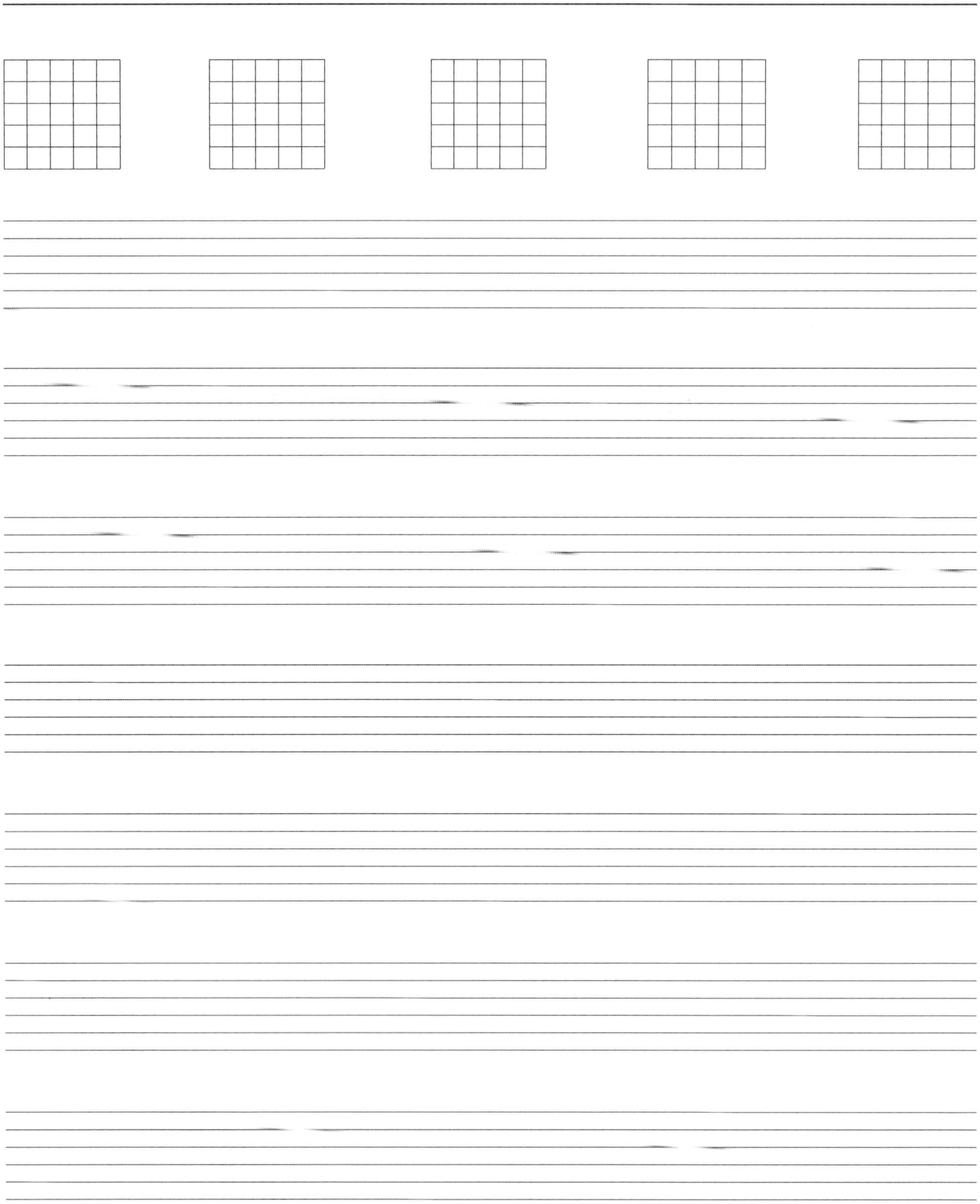

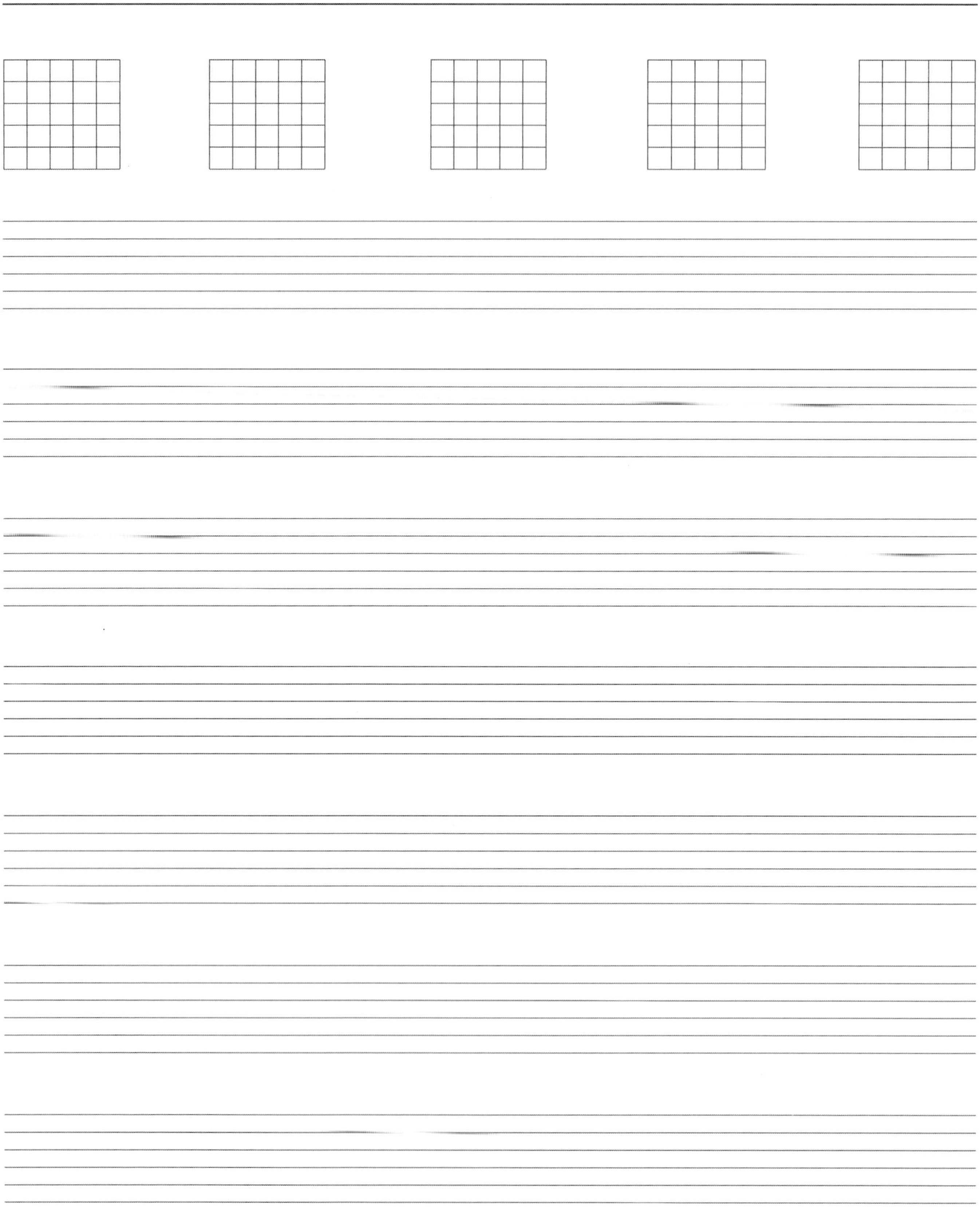

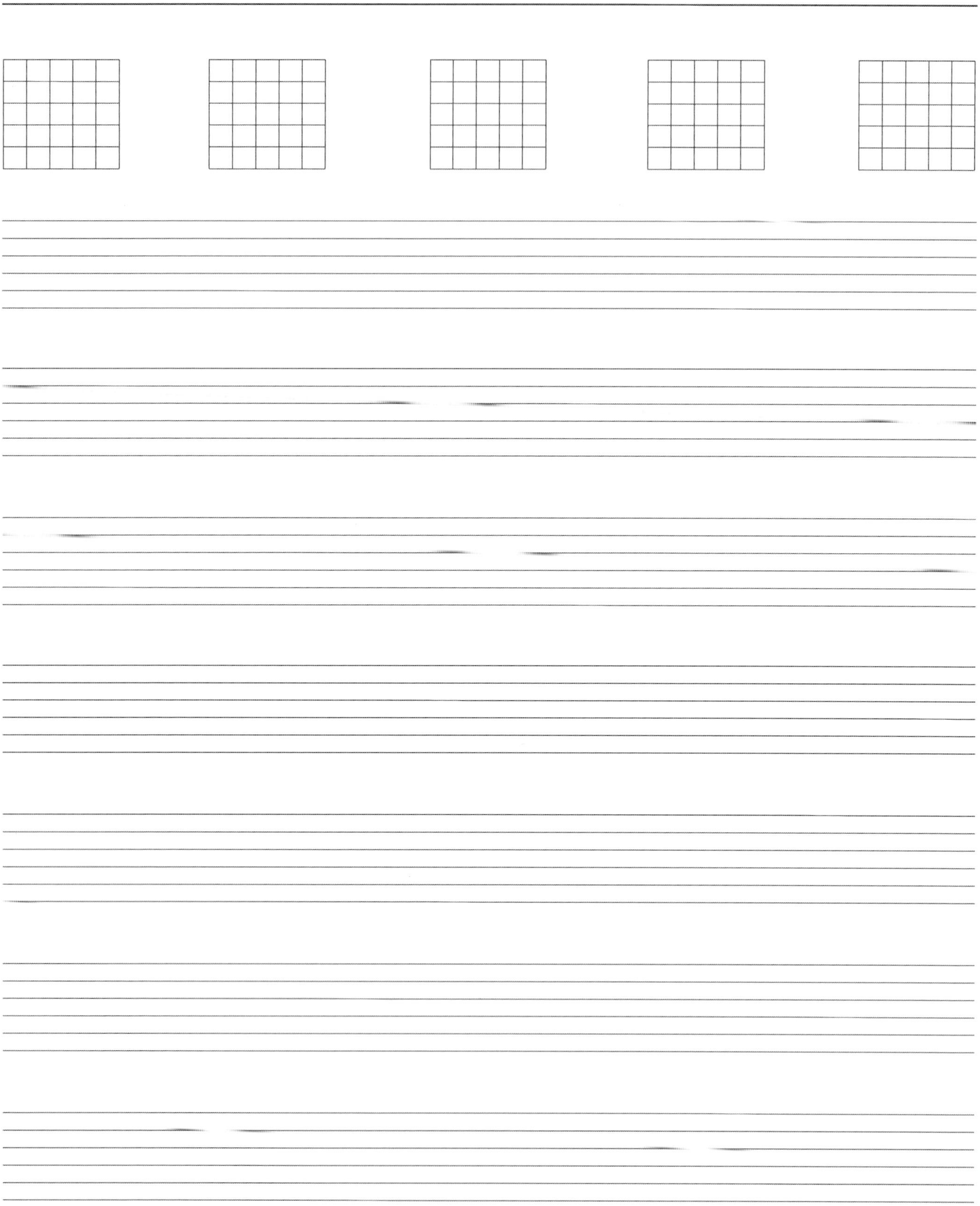

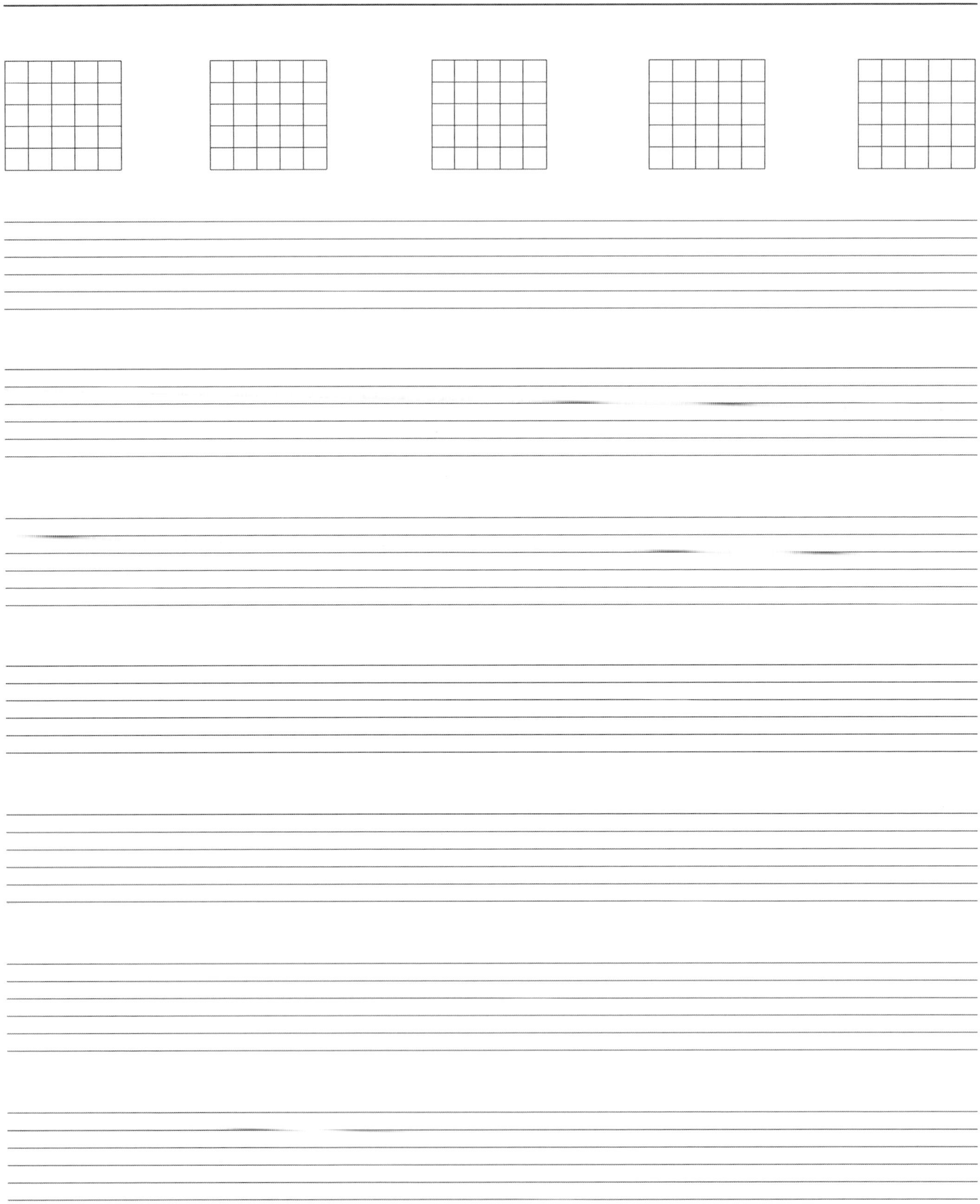

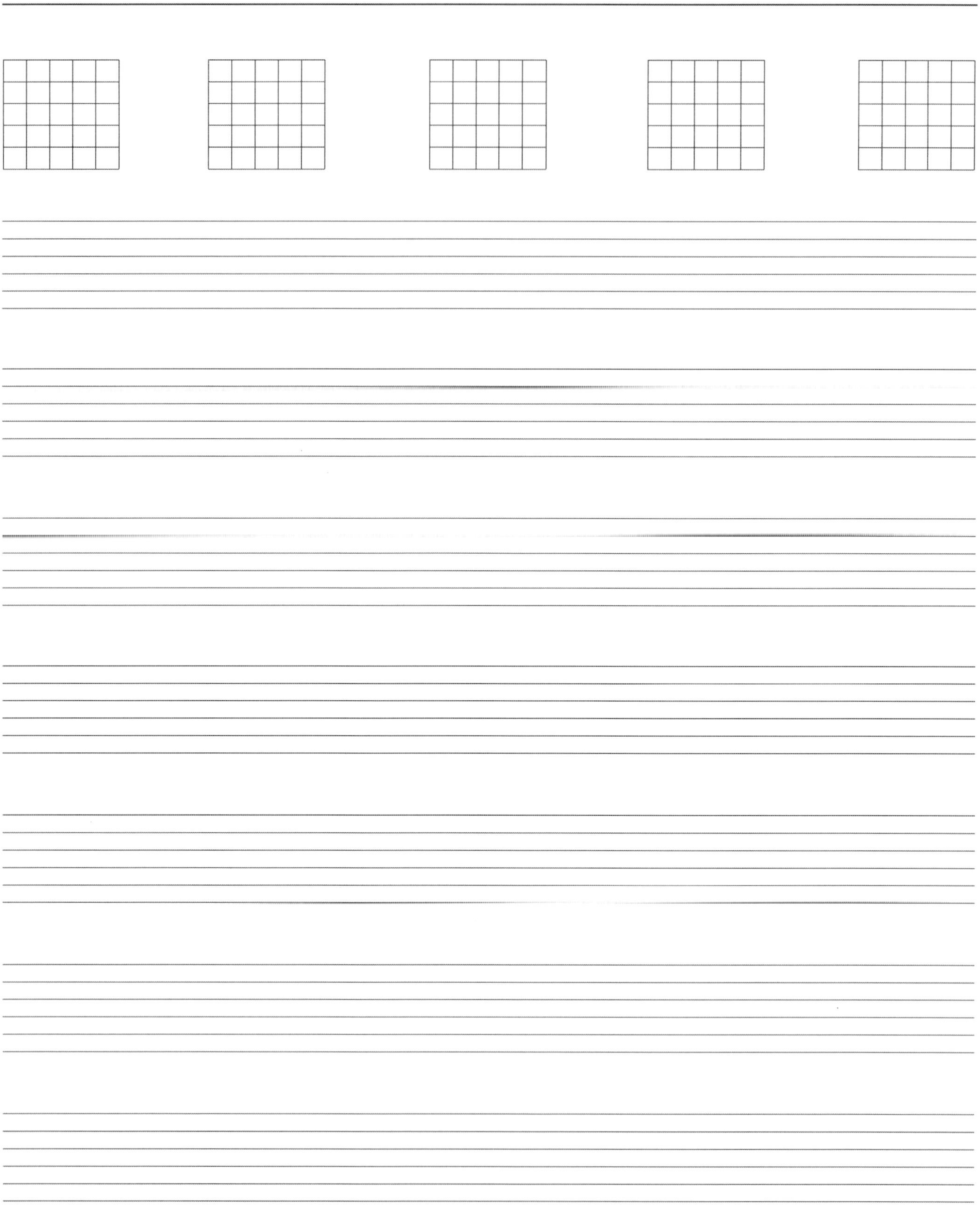

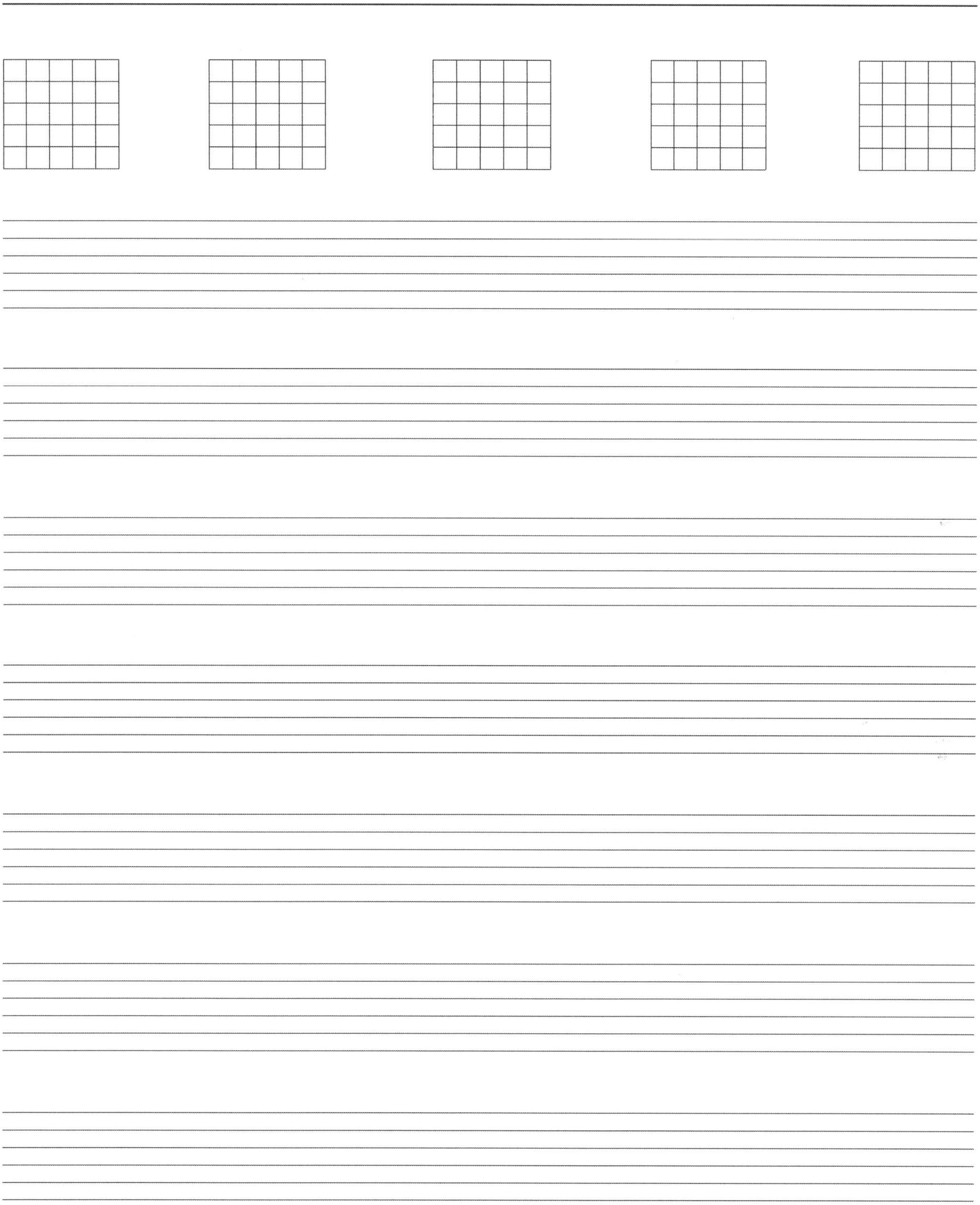

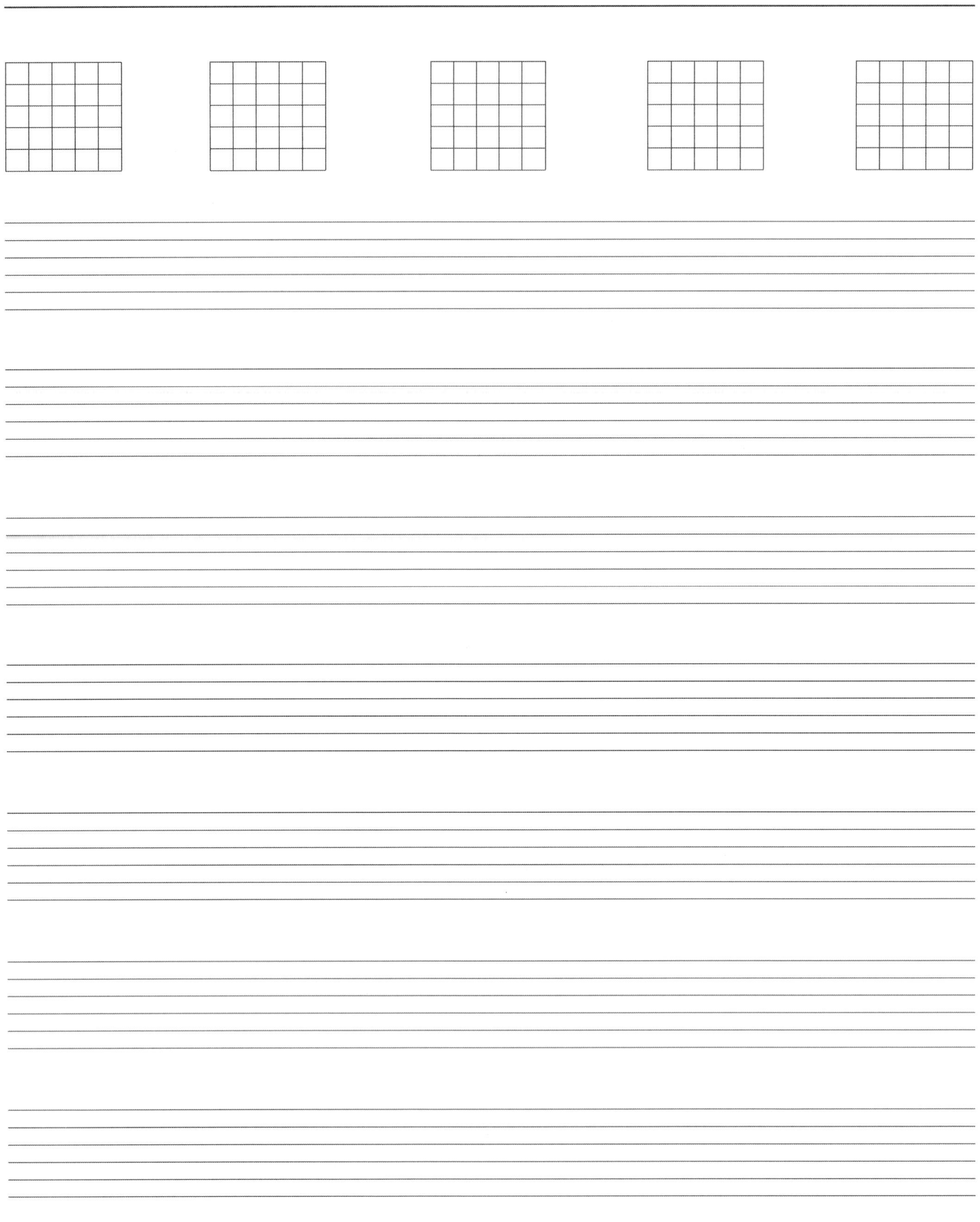

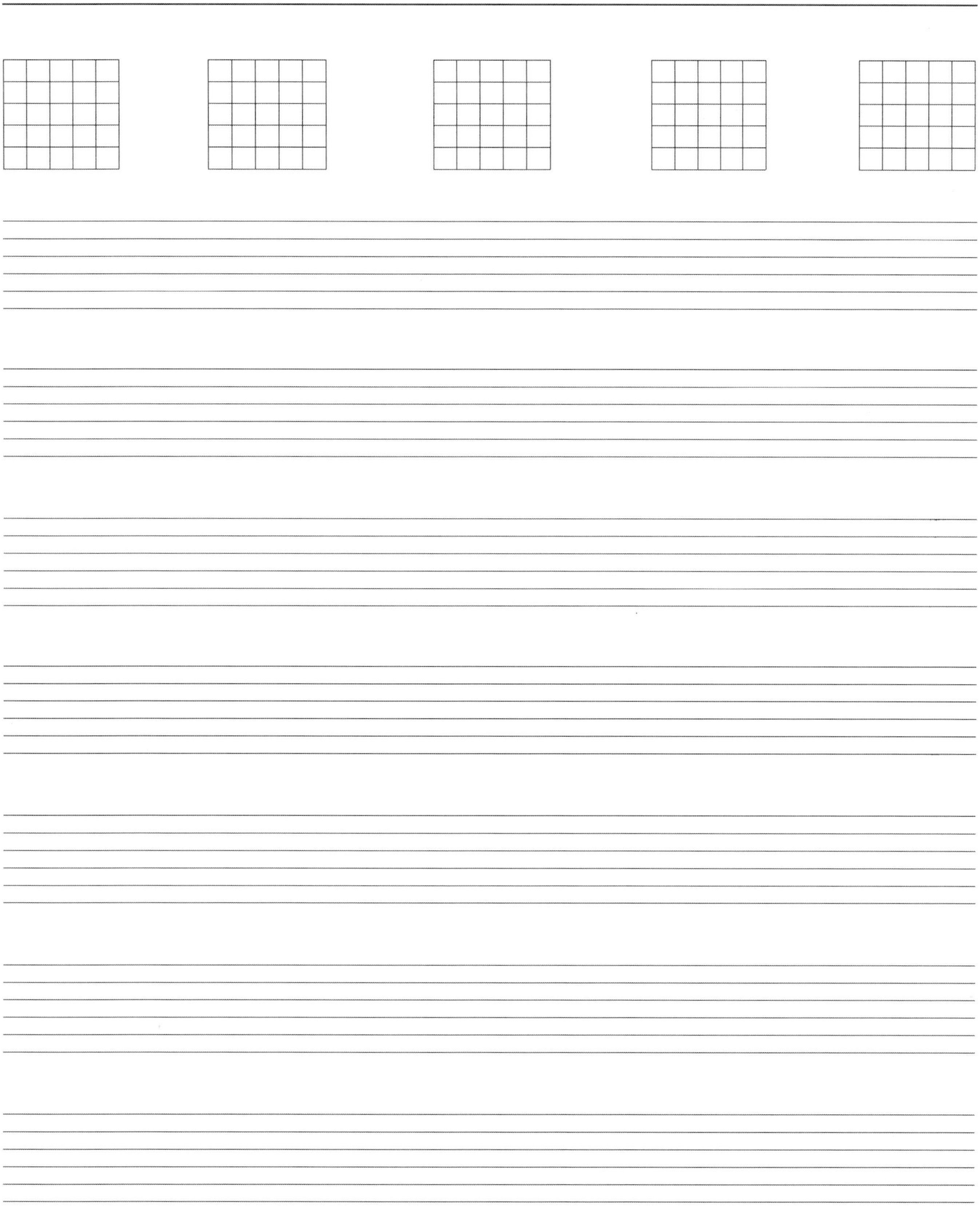

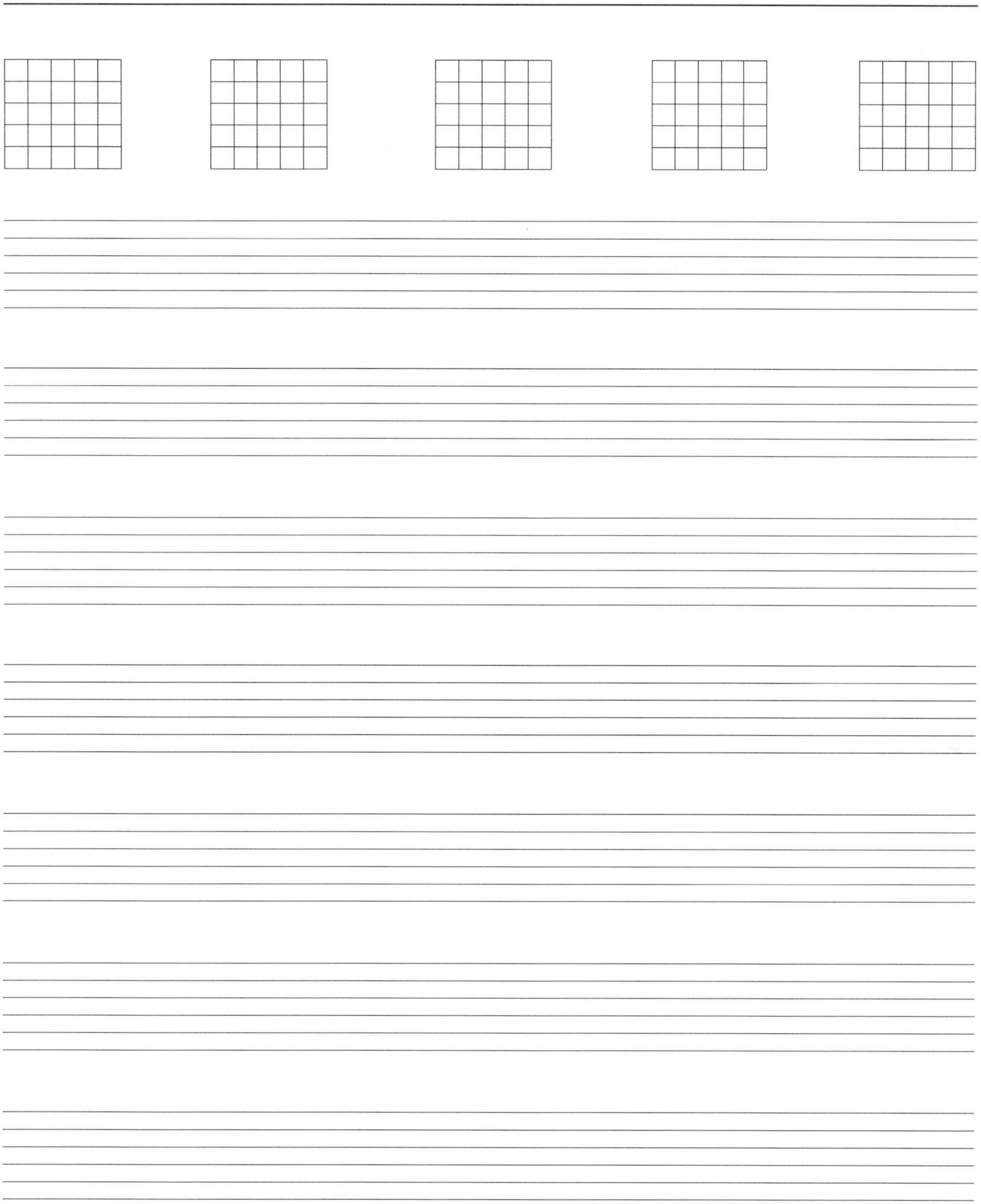

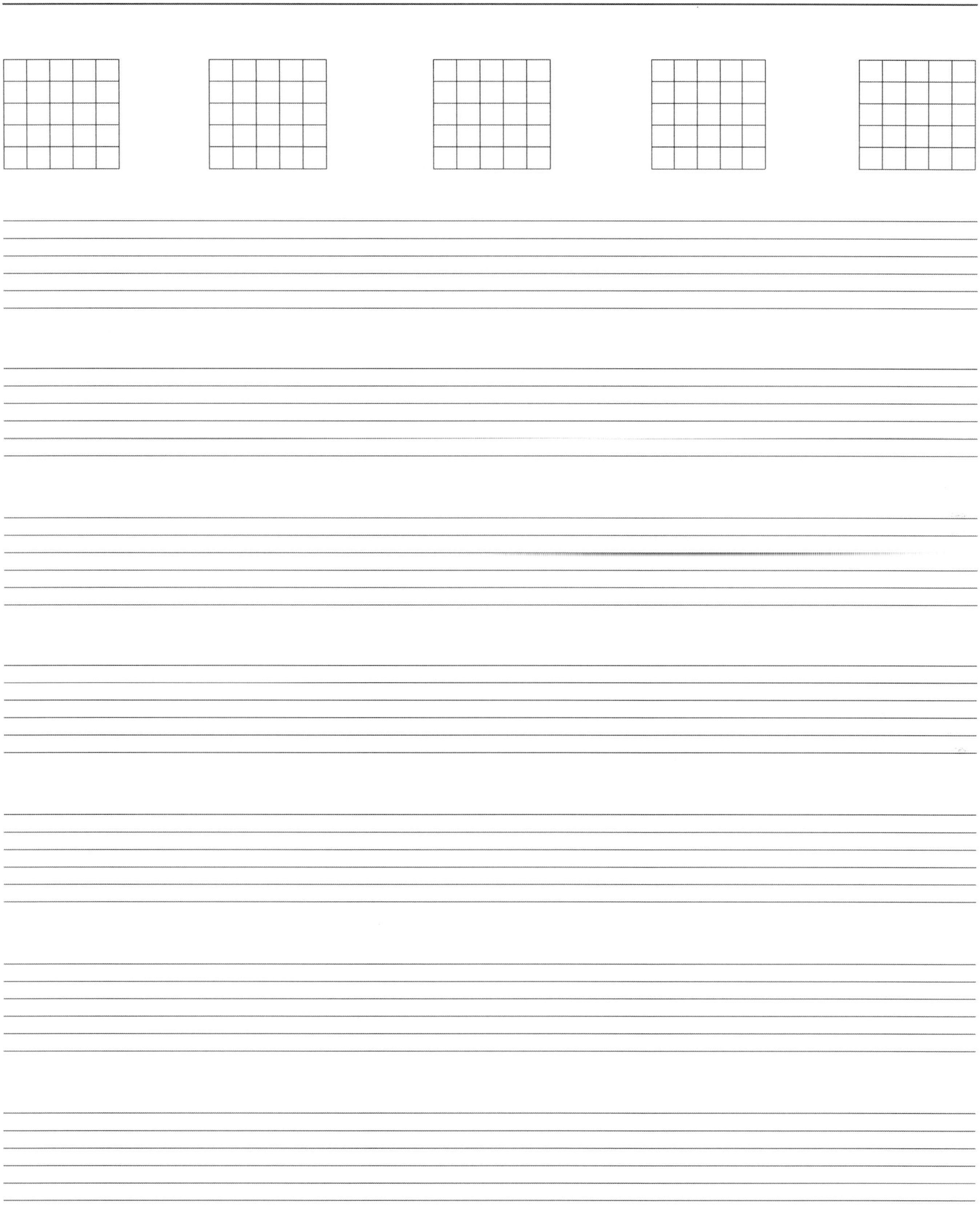

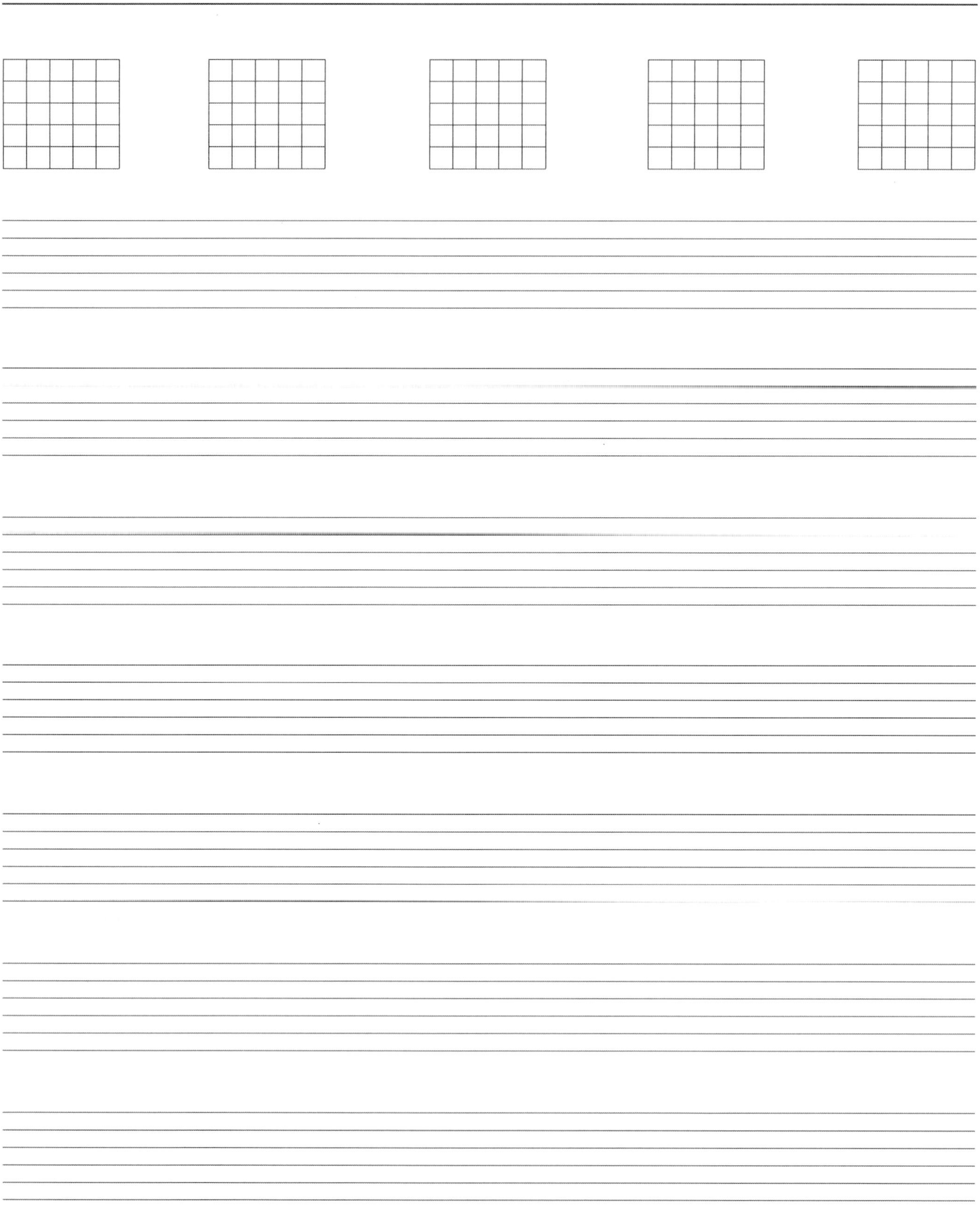

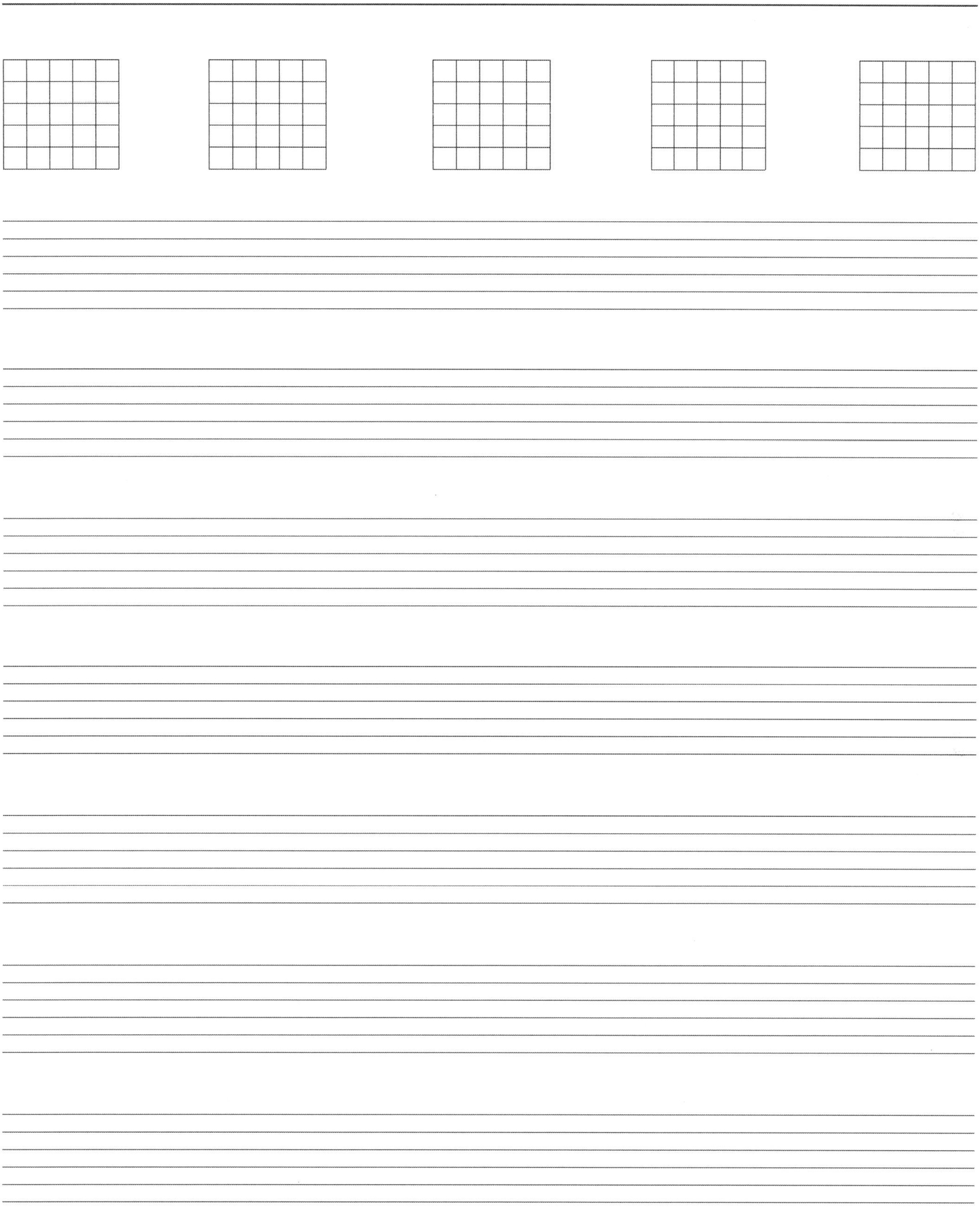

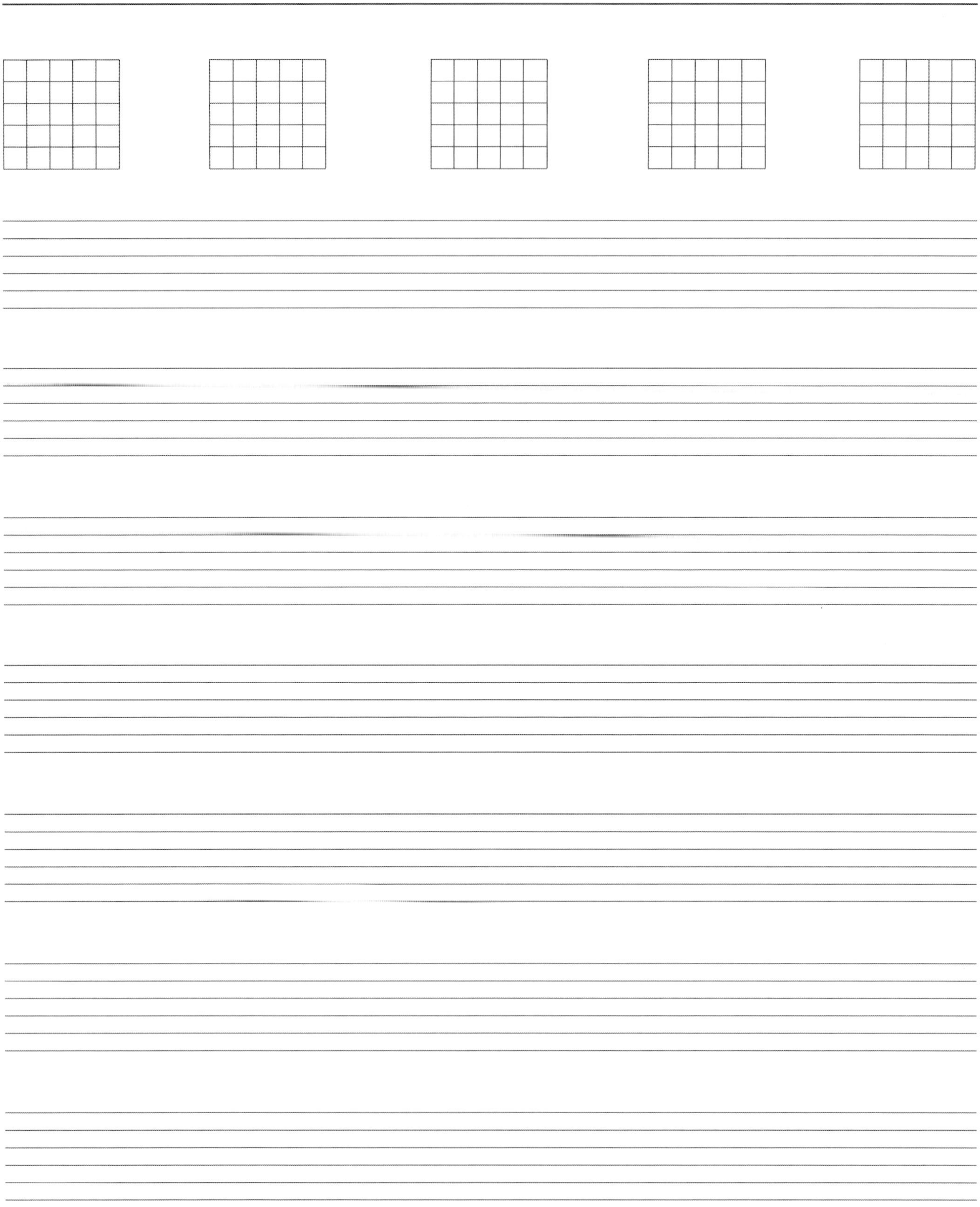

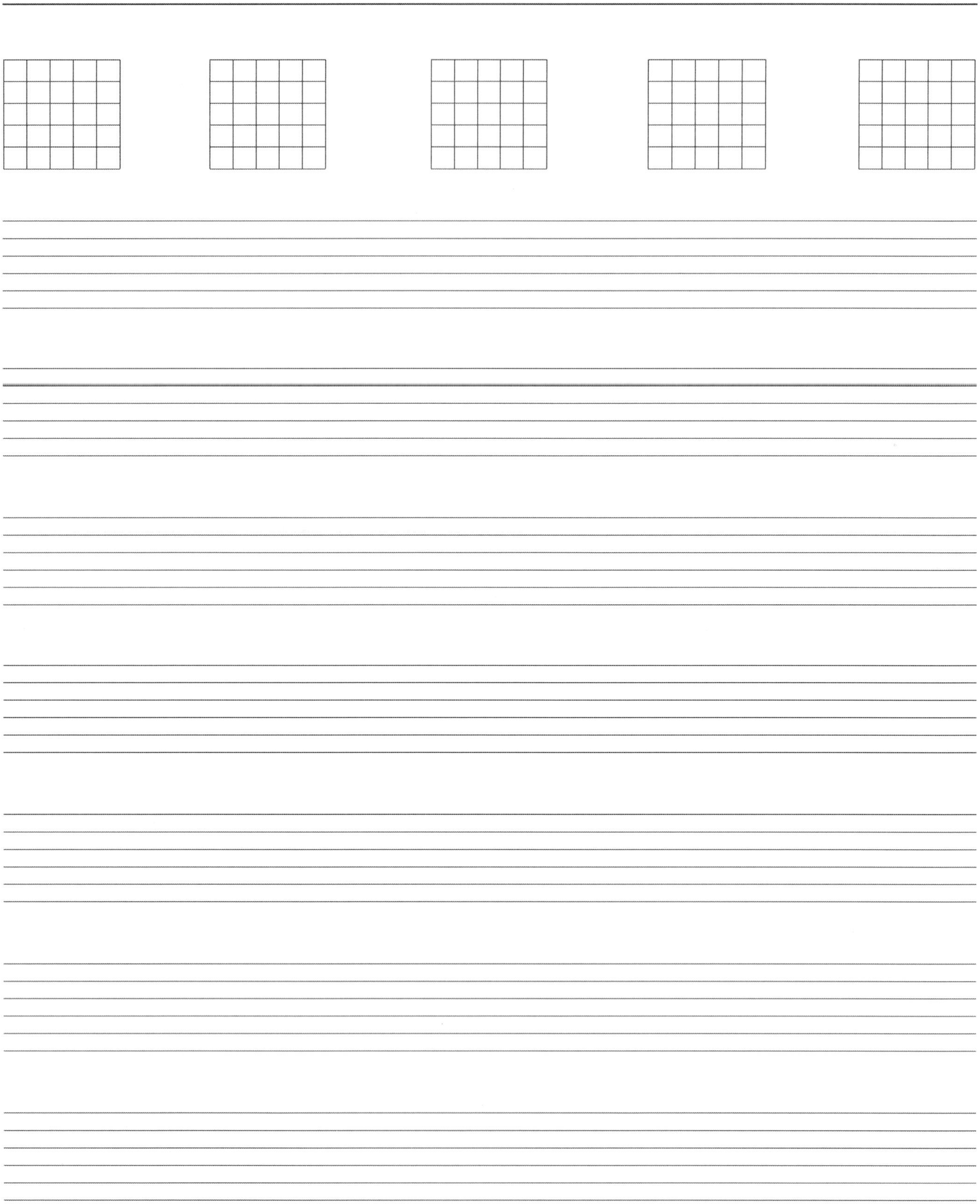

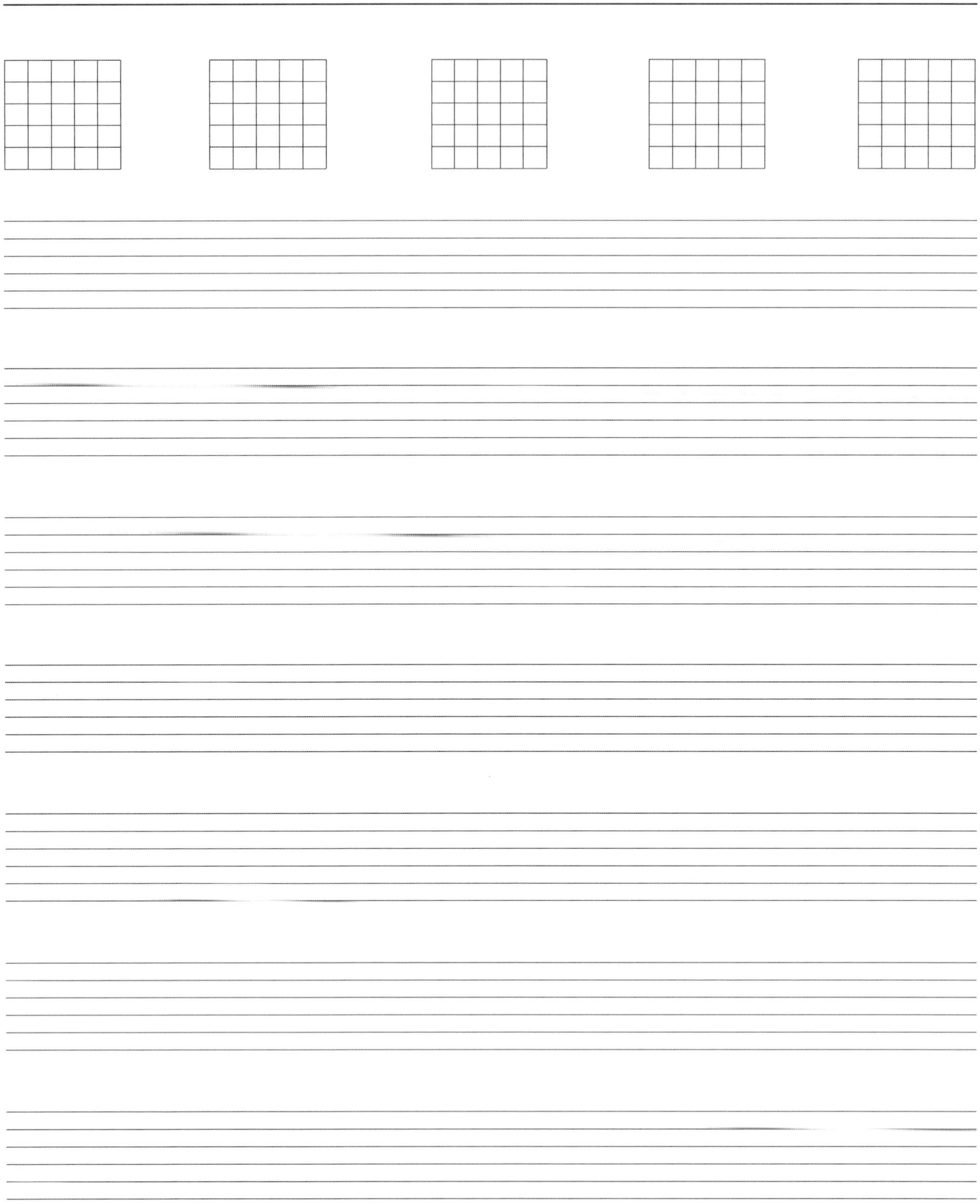

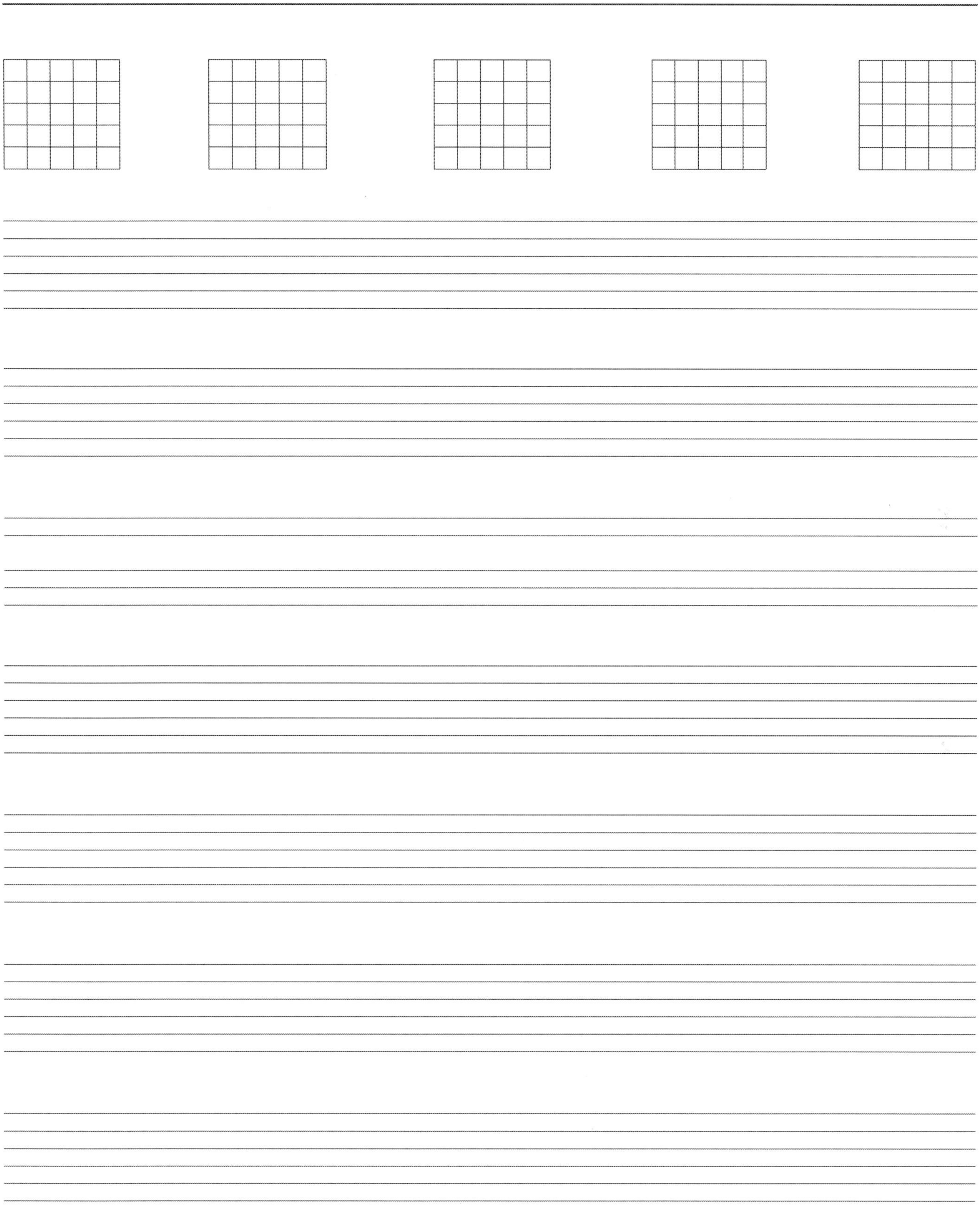

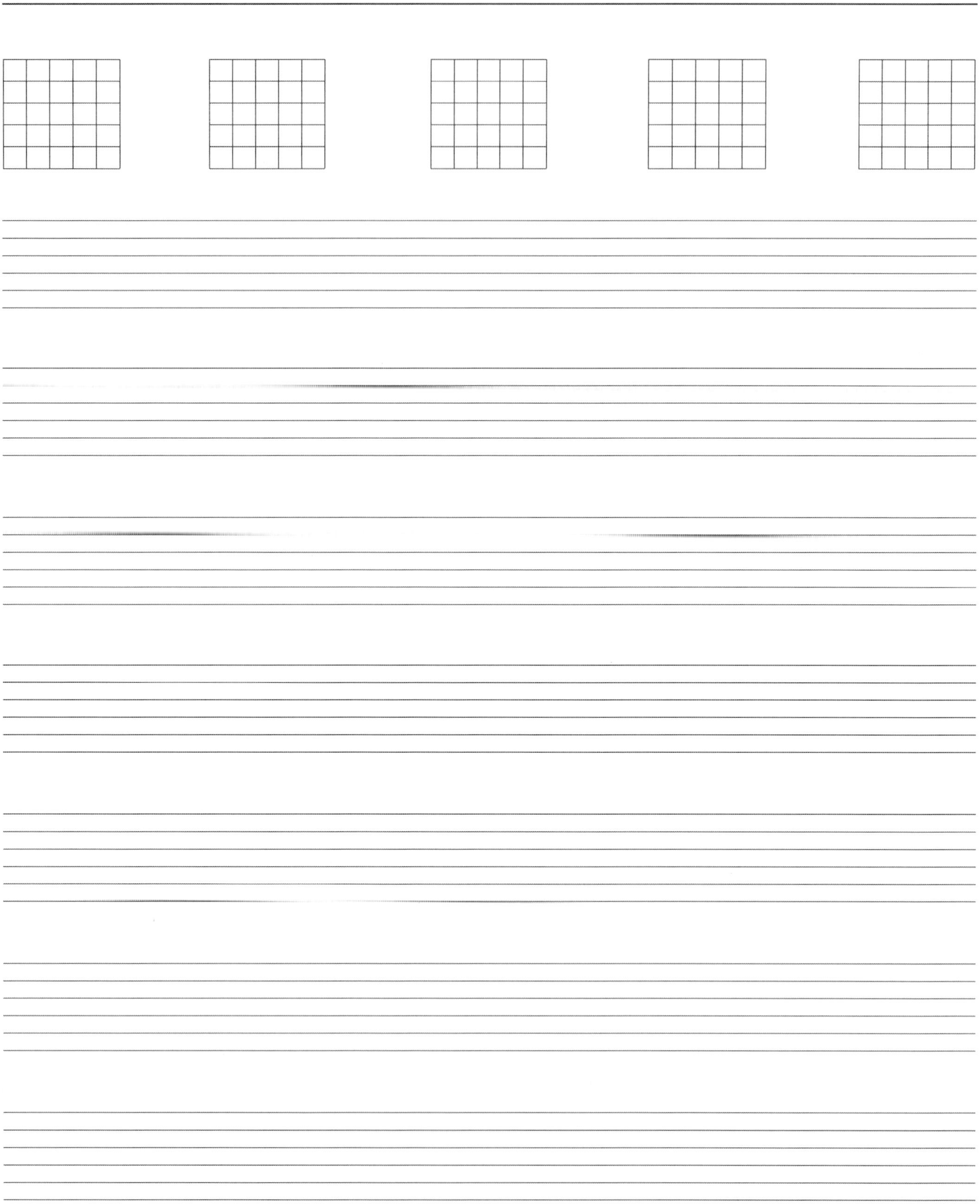

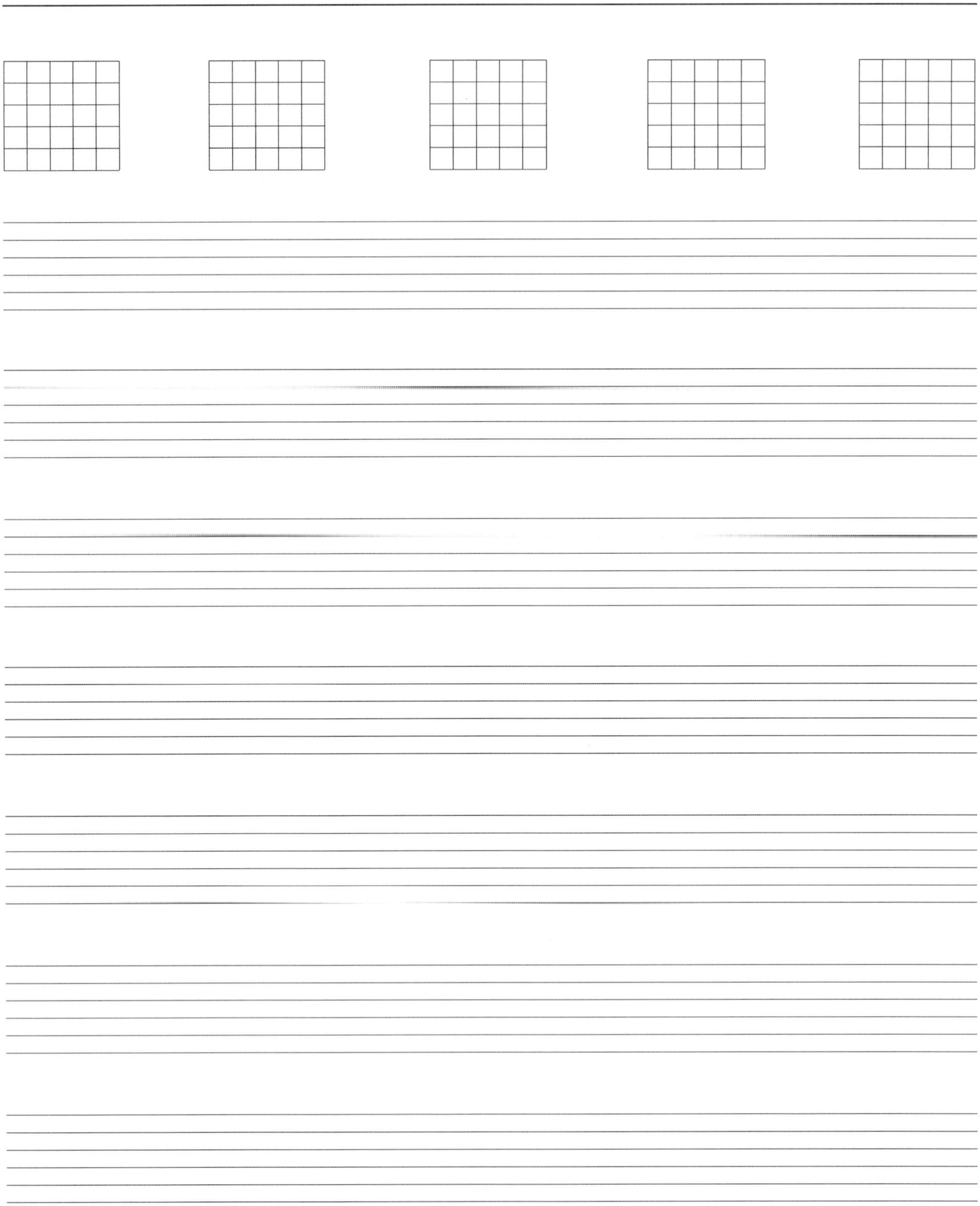

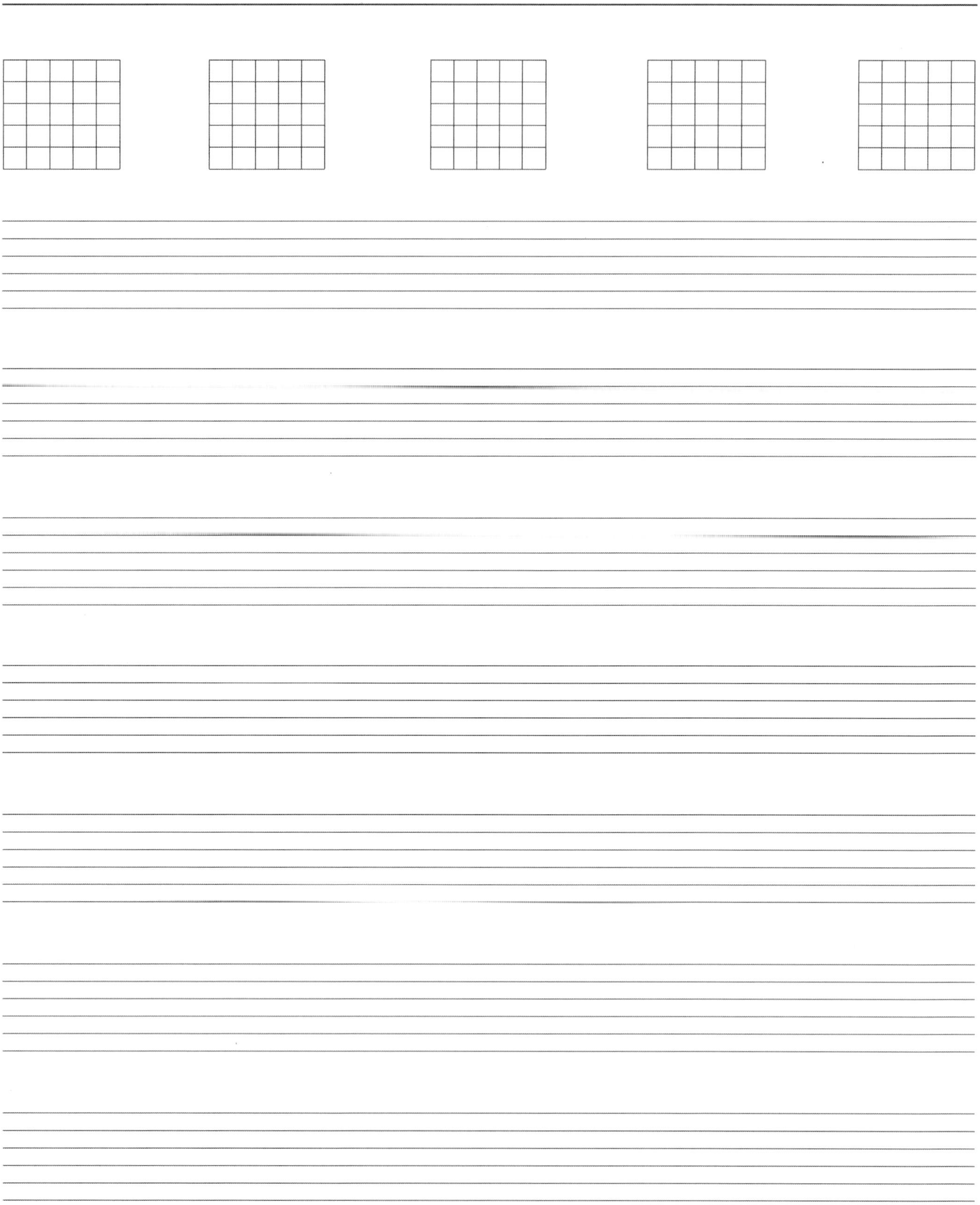

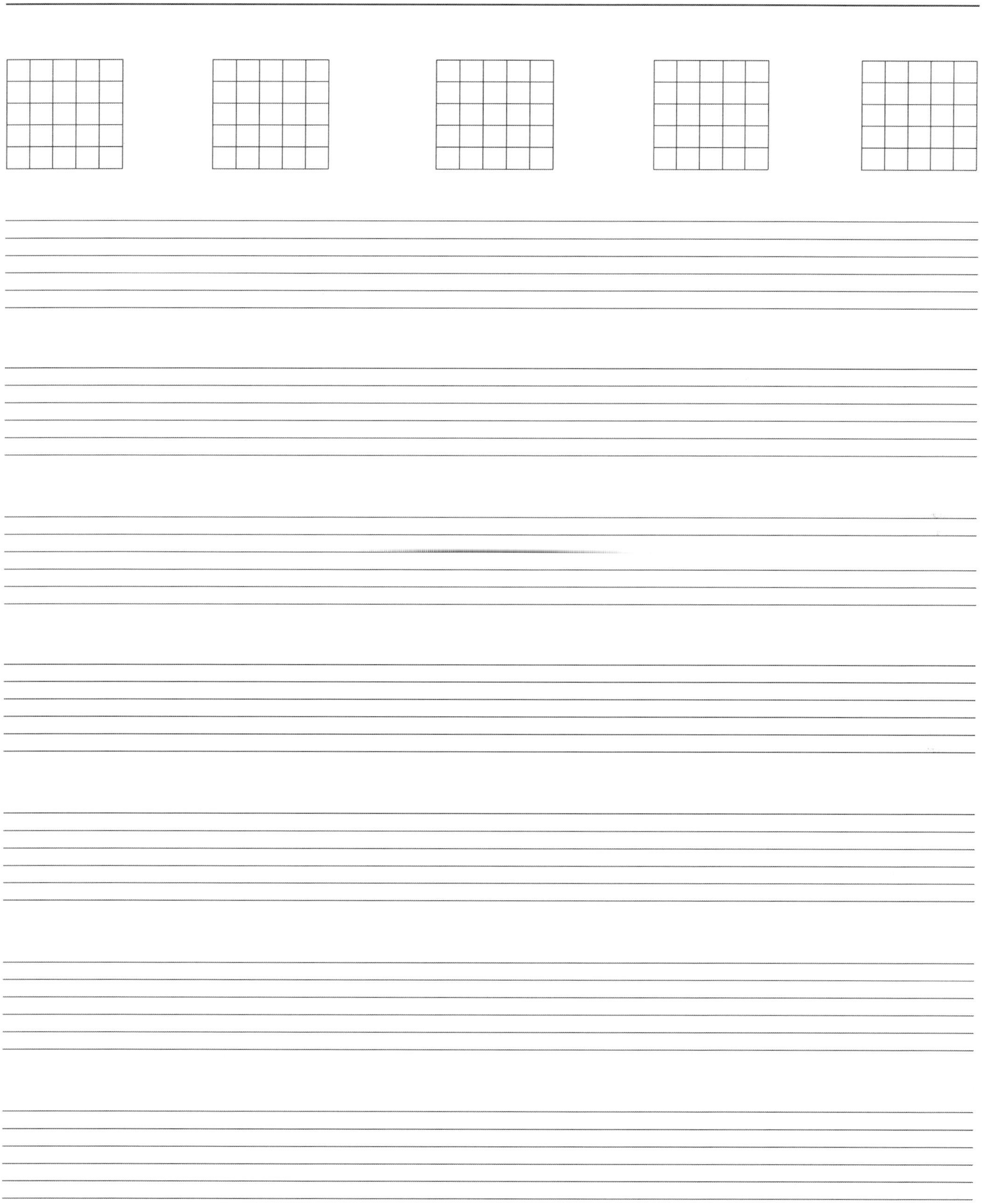

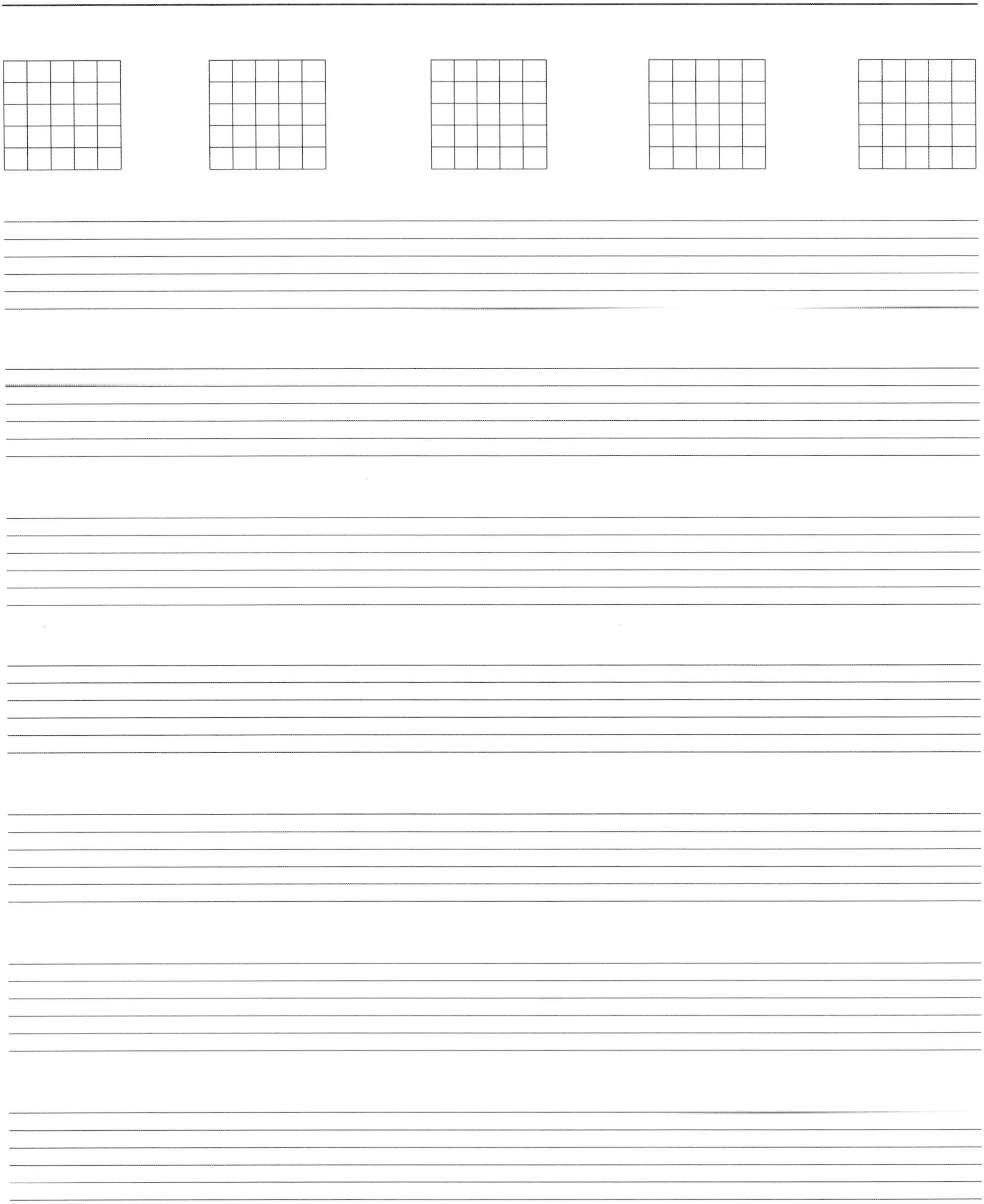

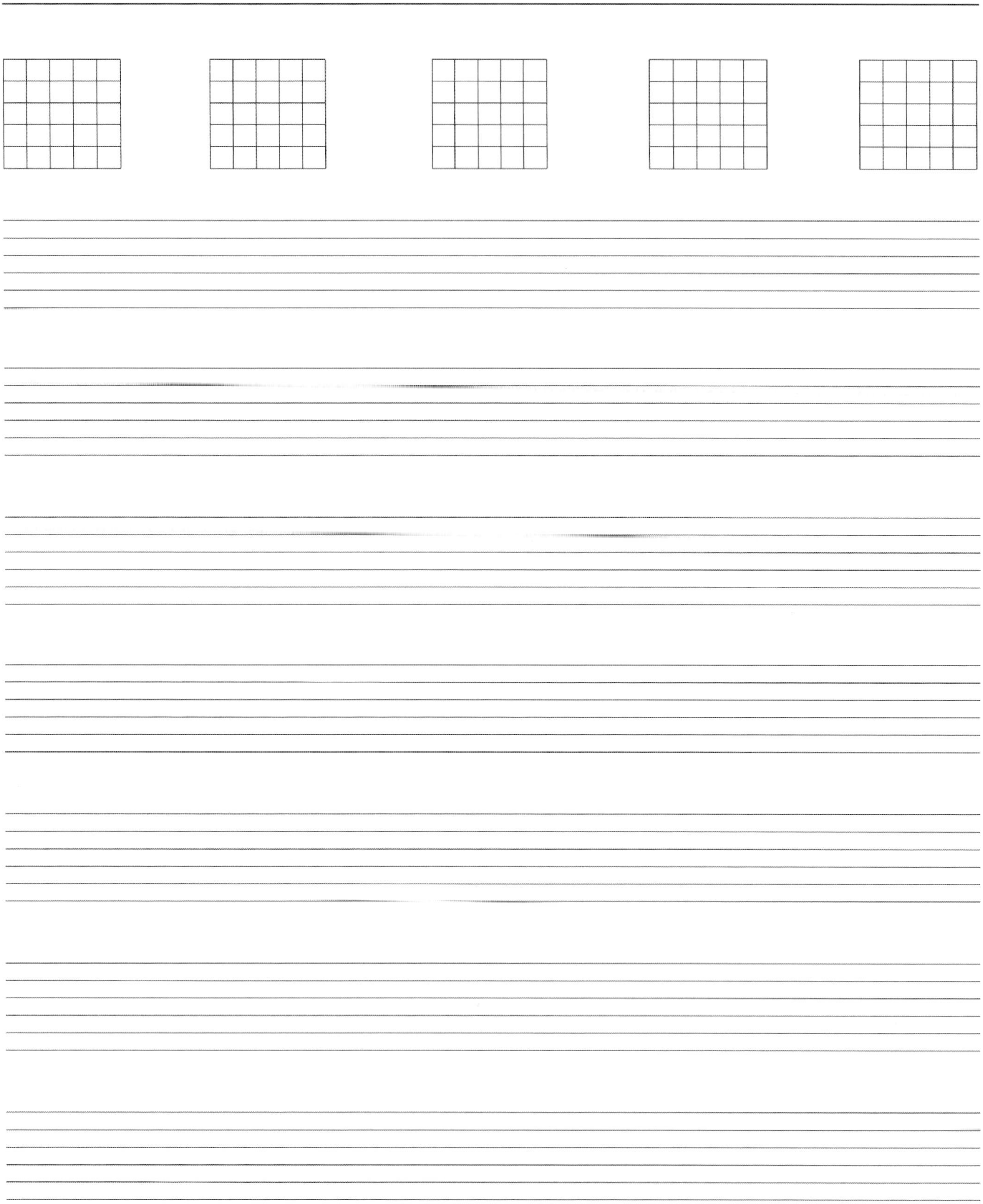

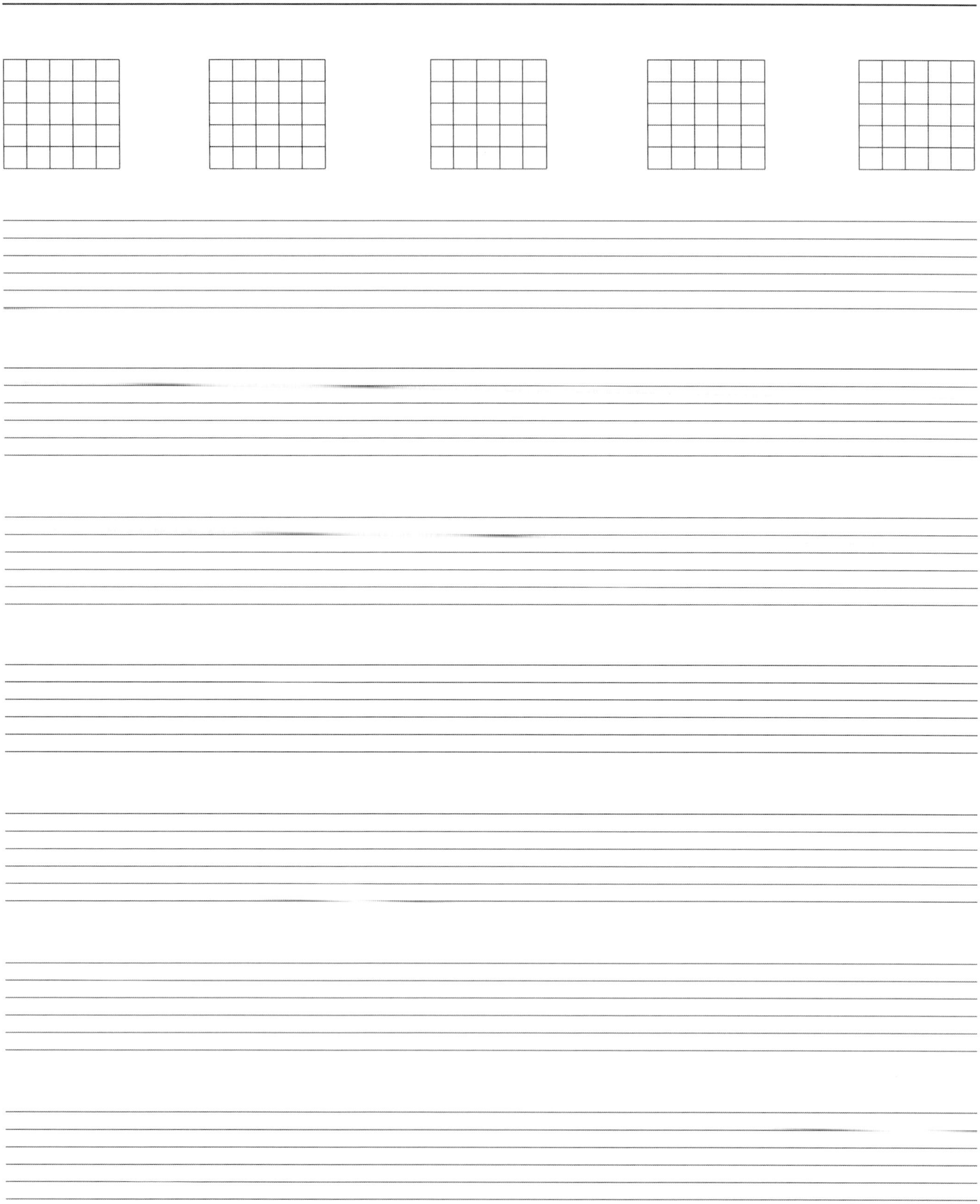

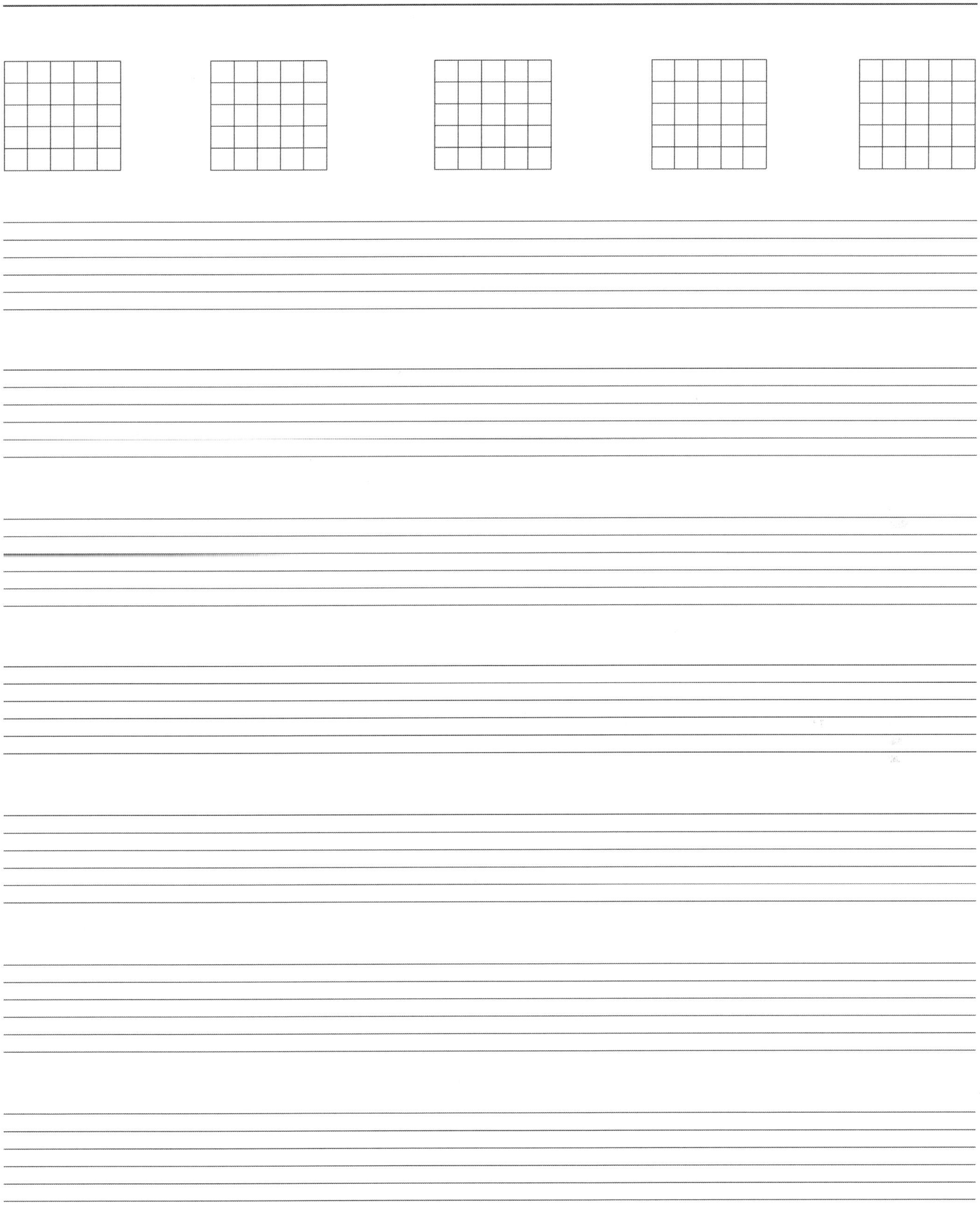

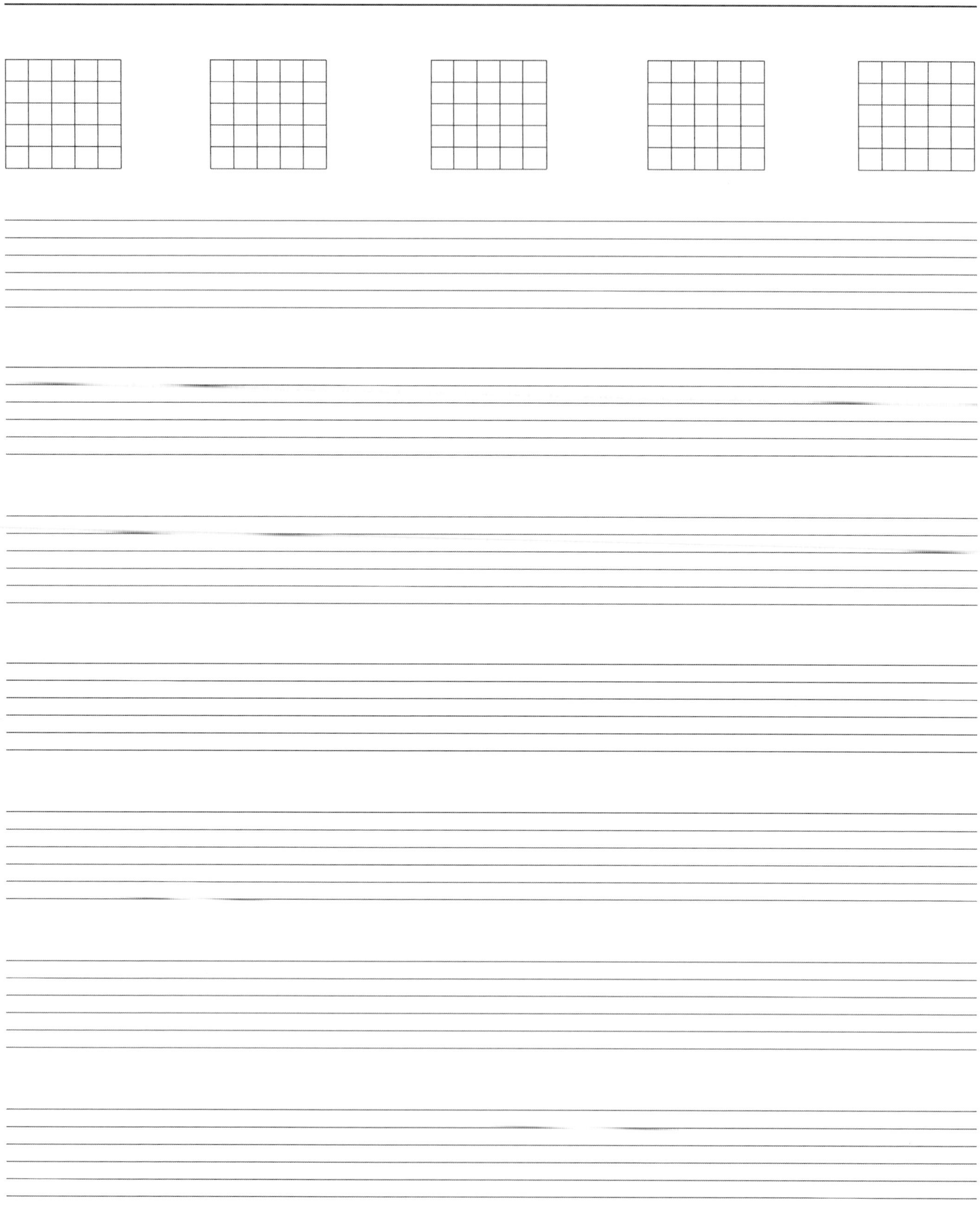

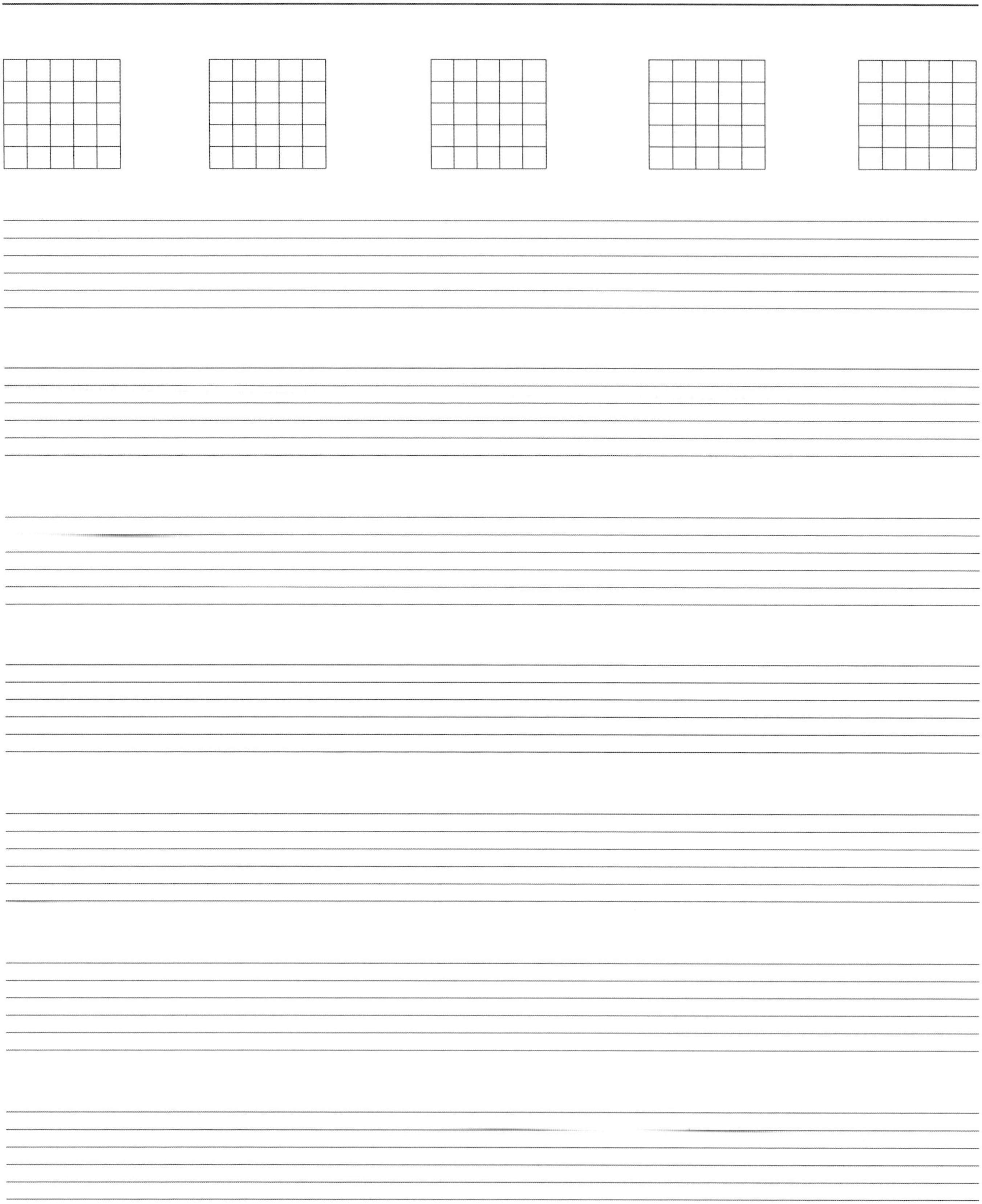

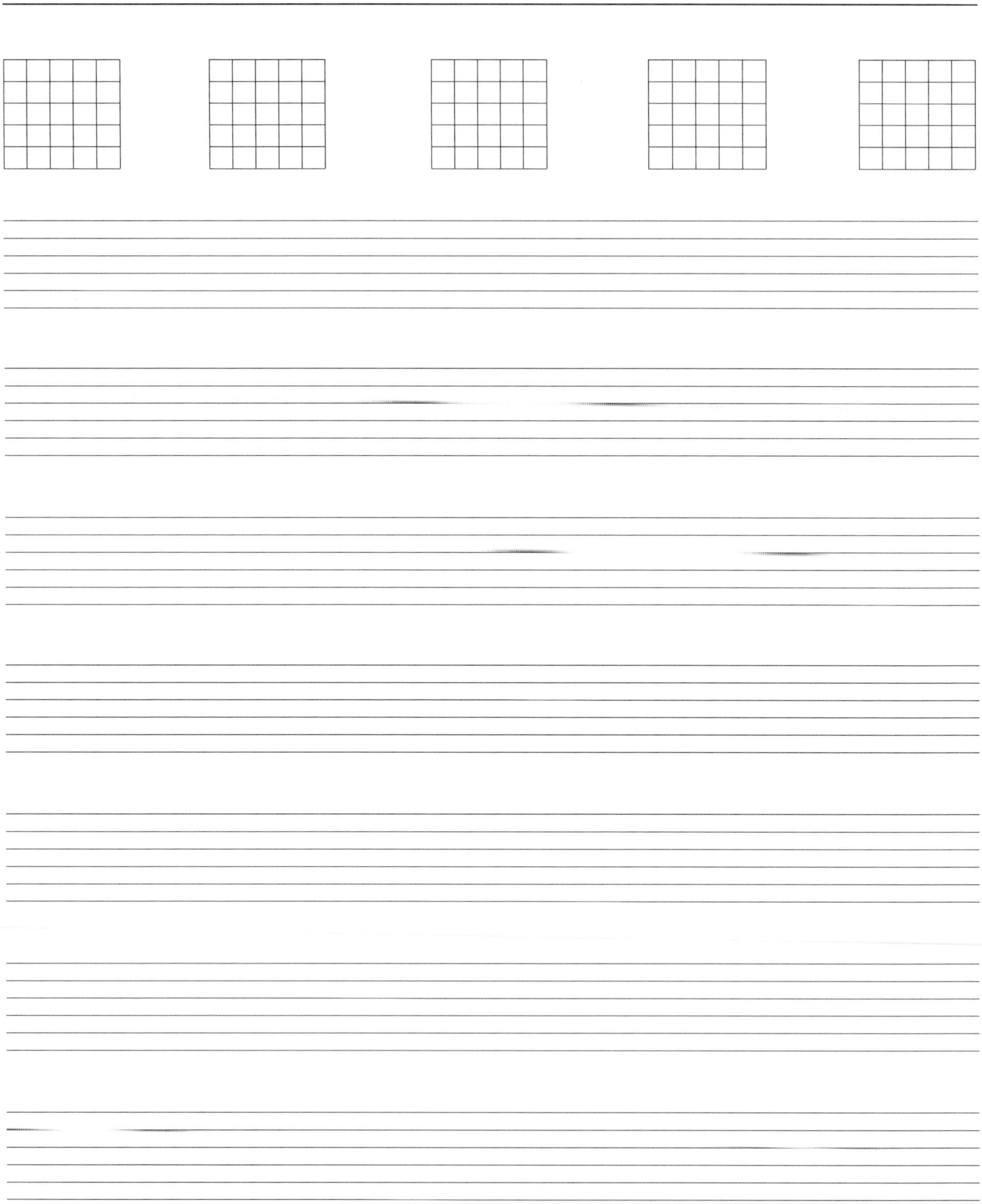

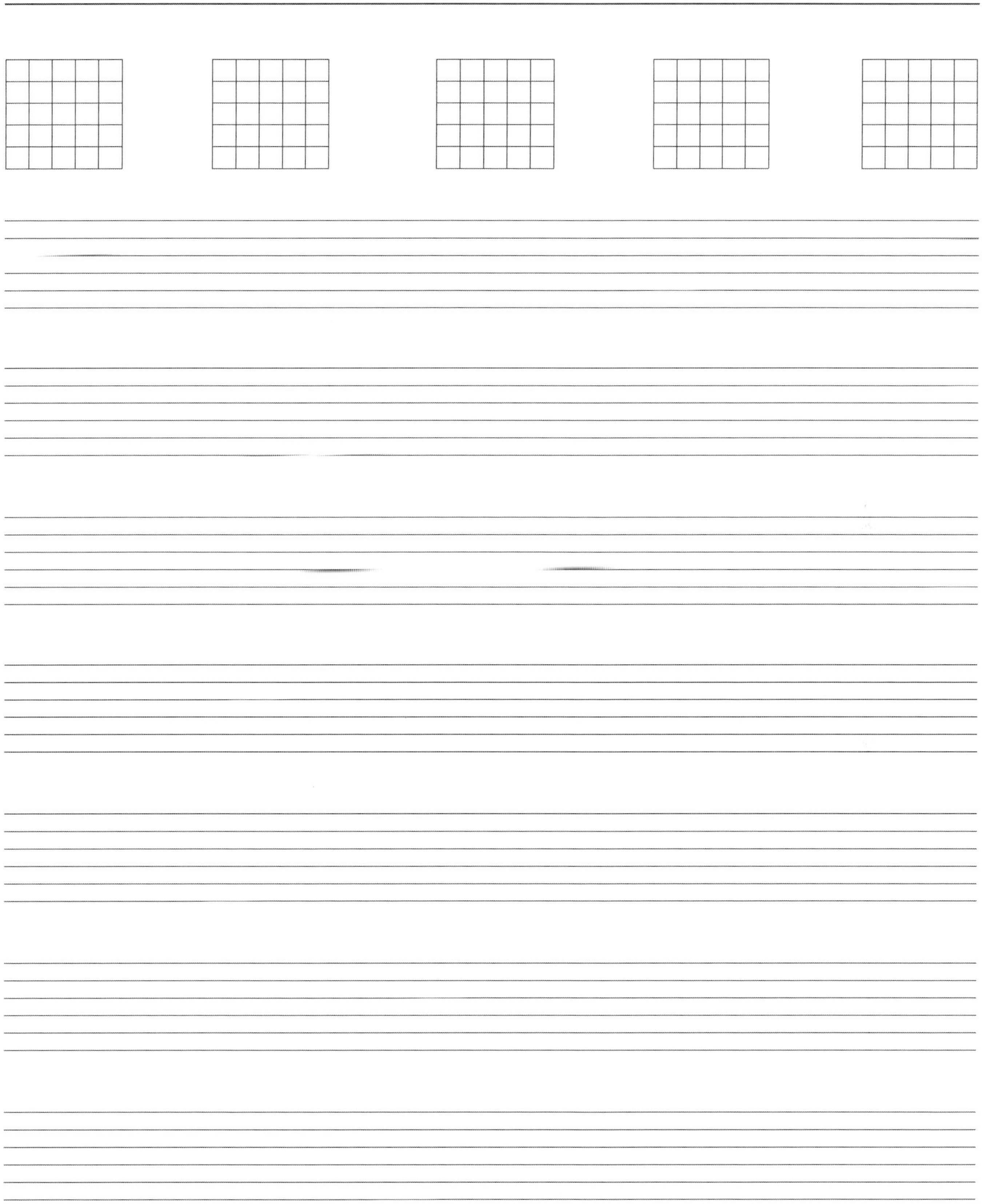

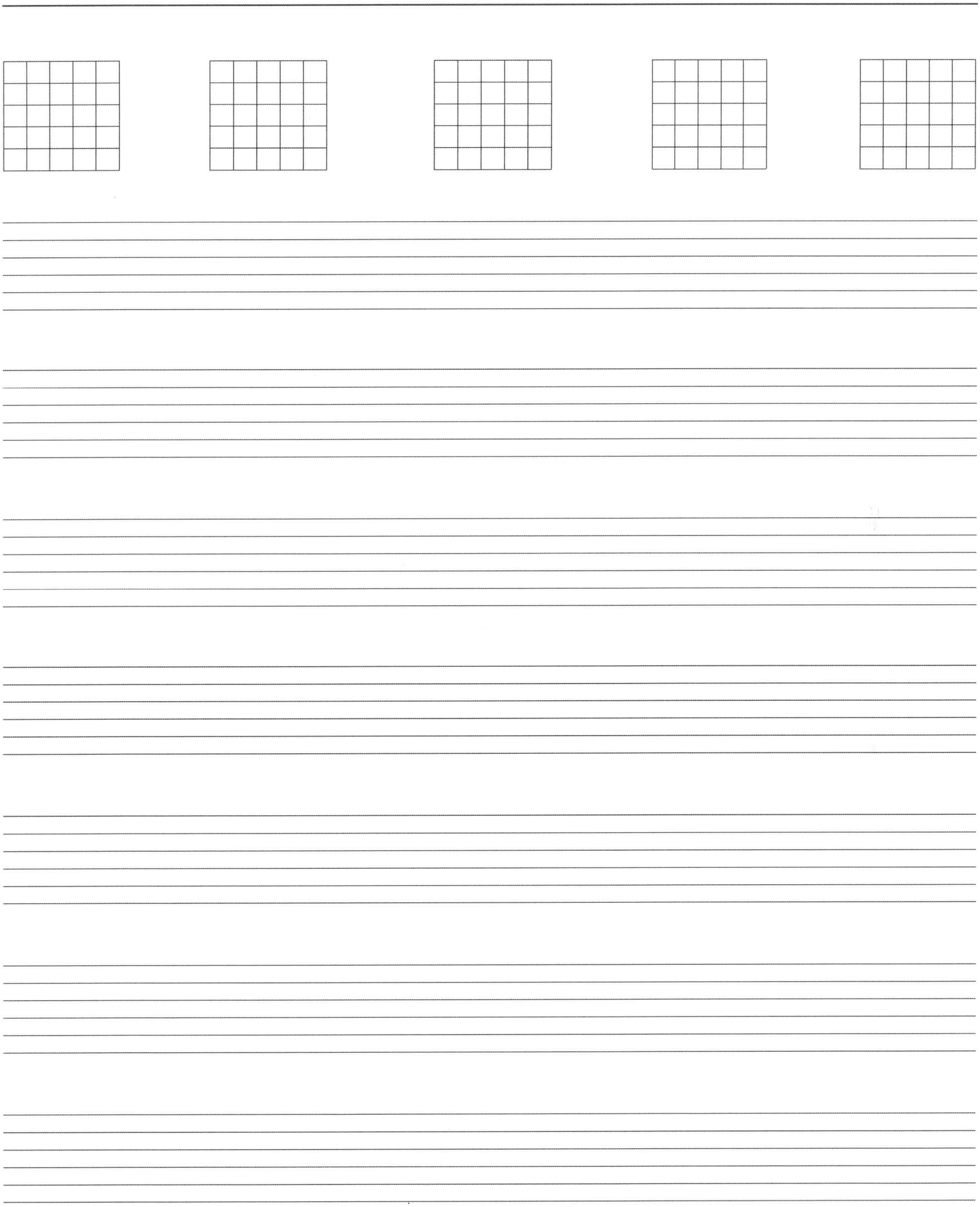

Printed in Great Britain
by Amazon

11754082R00063